AF523963

Harlich H. Stavemann & Wiebke Bergmann

# Auf ins Leben!

**Wie Kinder lernen, selbstsicher, motiviert und zuversichtlich zu sein**

Harlich H. Stavemann & Wiebke Bergmann

# Auf ins Leben!

## Wie Kinder lernen, selbstsicher, motiviert und zuversichtlich zu sein

**Kontaktadressen:**
Dipl.-Psych. Dr. Harlich H. Stavemann
Institut für Integrative Verhaltenstherapie
Osterkamp 58
22043 Hamburg
*E-Mail:* stavemann@i-v-t.de

Dipl.-Psych. Wiebke Bergmann
Praxis für Psychotherapie
August-Bebel-Straße 26
04451 Borsdorf
*E-Mail:* bergmann_psychotherapie@hotmail.com

**Bibliografische Information der Deutschen Nationalbibliothek**
Die Deutsche Nationalbibliothek verzeichnet diese Publikation in der Deutschen Nationalbibliografie; detaillierte bibliografische Daten sind im Internet über http://dnb.d-nb.de abrufbar.


Im Sudhaus
Hechinger Straße 203
72072 Tübingen

E-Mail: dgvt-Verlag@dgvt.de
Internet: www.dgvt-Verlag.de

Umschlaggestaltung: Vogelsang Design, Jens Vogelsang, Aachen
Umschlagfoto: photocase.de, © neal joup
Gestaltung & Satz: Julia Franke, Tübingen
Druck und Bindung: CPI buch bücher GmbH, Birkach

**ISBN 978-3-87159-230-0**

# Inhaltsverzeichnis

# Vorwort

Sie kennen sicher das Sprichwort „Aus Schaden wird man klug". Nach diesem Prinzip möchten wir unser Wissen im Umgang mit emotionalem Leid von Menschen in der Psychotherapie nutzen, um daraus abzuleiten, was Menschen möglichst von Beginn ihres Lebens an lernen sollten, damit sie psychisch und emotional ausgeglichen, selbstsicher, mutig und zufrieden ihr Leben gestalten können.

Zu unserem Selbstverständnis von Erziehung gehört, dass es hier keine Zwangsläufigkeiten gibt. Nur weil sich Erziehende auf eine bestimmte Art verhalten, muss ein Kind sich nicht zwingend auf eine bestimmte Art entwickeln. Auch andere Einflussfaktoren wirken auf die kindliche Entwicklung ein, ohne dass Erziehende in diesen Punkten gezielt Einfluss nehmen können. Das sind z. B. vorgeburtliche Einflüsse, das bereits im Kind angelegte Temperament, die Auswirkungen bestimmter sensibler Phasen in der Hirnentwicklung und die frühkindliche Prägung.

Klar und nachgewiesen ist aber auch der große Einfluss, den Erziehende aktiv nehmen können. Mit der Wahl eines Erziehungsstils oder eines Erziehungsangebotes verändern Erziehende die Wahrscheinlichkeiten, wie sich das Kind künftig fühlen und verhalten wird.

### Zum Inhalt

In diesem Buch beleuchten wir drei wesentliche Bereiche der psychischen und emotionalen Entwicklung von Kindern und möchten Ihnen als Eltern, Großeltern, Lehrer oder Erziehende mit Rat zur Seite stehen, wenn Sie Ihre Sprösslinge oder die Ihnen anvertrauten Kinder bei diesen Entwicklungsaufgaben unterstützen.

Wir versuchen dabei, sowohl aus unserer psychotherapeutischen Praxis als auch durch die eigene Kindererziehung motiviert, die Frage zu beantworten, welche Lernerfahrungen hilfreich und notwendig sind, um Kinder fit für das Leben zu machen.

Sie erfahren hier etwas darüber, wie Lernprozesse bei Kindern ablaufen und wie sie bestimmte Konzepte und Lebensregeln verinnerlichen. Sie lernen wichtige Konzepte kennen, die das Denken, Fühlen und Handeln auch schon bei kleinen Kindern bestimmen, und Sie erkennen Möglichkeiten, wie Sie Einfluss nehmen können auf das, *wann* Ihr Kind *was* und *wie* erlernt. Dabei stehen folgende Erziehungsziele im Fokus:

- das Ausbilden eines gesunden Selbstbewusstseins
- die Fähigkeit zur Übernahme von Eigenverantwortung
- die Akzeptanz von Unausweichlichem und von Unsicherheit

- die Bereitschaft, notwendige Frustration auszuhalten und – damit verbunden –
- zielführendes Entscheiden und Handeln
- die Fähigkeit, auch über einen längeren Zeitraum ein Ziel zu verfolgen, und
- der Mut, sich den Gefahren und Risiken des Lebens zu stellen.

Ein Kind, das diese Fähigkeiten erlernt, ist gewappnet für die Lebensaufgaben, die es erwarten. Zu diesem Zweck vermitteln wir,

- wie man ein gesundes Selbstbewusstsein fördert, sodass ein Kind weder mit pauschaler Selbstabwertung noch mit pauschaler Selbstüberhöhung reagiert
- wie man die Übernahme von Eigenverantwortung fördert, ohne das Kind zu überfordern
- wie ein Kind Frustration auszuhalten lernt, ohne zu resignieren
- wie ein Kind die allgegenwärtige Unsicherheit im Leben akzeptieren lernt, ohne sich permanent in Angst zu versetzen, und
- wie man mit Kindern Sinnfragen besprechen, Werte vermitteln und Ziele aufbauen kann.

## Unsere Zielgruppe

Dieses Buch ist an Eltern und Erziehende gerichtet, die sich Möglichkeiten zum Auf- und Ausbau einer gesunden Psyche bei Kindern aneignen möchten. Insofern handelt es sich hier um einen Erziehungsratgeber, der psychischen Problemen vorbeugen möchte.

Dazu zeigen wir auch Möglichkeiten auf, wie Sie selbst ein hilfreiches Modell für das Kind sein können.

Dieses Buch kann und soll jedoch keine Psychotherapie ersetzen. Falls Sie während oder nach der Lektüre erkennen, dass das Kind bereits „in den Brunnen gefallen" ist, raten wir zu professioneller Hilfe durch Erziehungsberatungsstellen oder ggf. durch approbierte Psychotherapeuten für Kinder und Jugendliche.

Um der besseren Lesbarkeit willen verzichten wir weitestgehend auf Fachausdrücke und Psychologenkauderwelsch, obwohl alle Inhalte wissenschaftlich begründet und fachlich untermauert sind, ebenso wie auf ein geschlechtsausgewogenes Benennen.

Vaisala (Savaii) und Leipzig im Mai 2019

*Harlich Stavemann,*
*Wiebke Bergmann*

# 1. Wie Kinder lernen

Um ein selbstsicheres und ausgeglichenes Kind zu sein und später als Erwachsener das Leben zur eigenen Zufriedenheit gestalten zu können, muss man bestimmte Lernerfahrungen machen. Und nur wenn Erziehende verstehen, *wie* Kinder ihre Einstellungen, Gefühls- und Verhaltensreaktionen erlernen, können sie auf das *Was* gezielt Einfluss nehmen. Schon ungeborene Kinder lernen im Bauch der Mutter. Spätestens ab der Geburt nehmen Erziehende direkten Einfluss darauf: Jeder Blick der Mutter, jedes Wort des Vaters, jede Regel der Kindergärtnerin bedeutet für das Kind eine Information, die es wahrnimmt, abspeichert und darauf reagiert. Es kann nicht *nicht*-lernen. Deshalb gilt es, so früh wie möglich darauf zu achten, was ein Kind lernt. Denn es kann auch Ungünstiges oder Schädliches erlernen, das es dann später mit viel Mühe wieder umlernen muss, um keine unnötigen emotionalen oder sozialen Probleme zu erleben.

Lernen ist in jedem Menschen angelegt und geschieht bei Babys und kleinen Kindern vorrangig über Reiz-Reaktions-Ketten, über Lernen am Erfolg und über Modelllernen (siehe Kap. 1.2). Lernen entspricht also der menschlichen und insbesondere der kindlichen Natur und macht sich schon bei Babys in Neugier und Erkundungsverhalten bemerkbar. Dieses Buch möchte aufzeigen, *wie* und *was* ein Kind lernen muss, um emotional ausgeglichen, selbstsicher und zufrieden zu sein. Wir betrachten dies als Basis, von der aus jede weitere Lebensaufgabe den eigenen Fähigkeiten entsprechend gemeistert werden kann.

Ist dieser Grundstock gelegt, wird beispielsweise das zweijährige Kind eine vorübergehende Trennung von der Bezugsperson gut tolerieren, wird das vierjährige Kind die ersten großen sozialen Gefechte mit Gleichaltrigen aushalten, wird das sechsjährige Kind Freude am Schulunterricht entwickeln und auch dann an einer Aufgabe dranbleiben, wenn es anstrengend wird.

## 1.1 Wie Kinder den Umgang mit Gefühlen lernen

Es gibt in der Psychologie verschiedene Modelle dazu, was Gefühle sind, wie sie entstehen und wie man sie beeinflussen kann. In diesem Kapitel wird ein Modell vorgestellt, das sich in der ambulanten Psychotherapie besonders bewährt hat, also dann, wenn Menschen im Umgang mit ihren Gefühlen ein Problem haben und sich mithilfe dieses Modells praktikable und langfristig wirkende Lösungen erarbeiten. Es beschreibt das Zusammenspiel zwischen unserem Wahrnehmen, Interpretieren und Bewerten einerseits sowie unserem Fühlen und Verhalten andererseits. Damit verdeutlicht es, wie Gefühle entstehen und verändert werden können. Auf der Basis dieses Modells zeigen wir in diesem Buch auf, wie und was Kinder bezogen auf ihre Gefühlswelt lernen sollten, um jetzt und auch noch später als Erwachsene selbstsicher und ausgeglichen zu sein.

### 1.1.1 Was sind Gefühle?

Eine einheitliche, für alle Wissenschaften geltende Definition dieses Begriffes gibt es nicht. In diesem Buch meinen wir damit einen Erregungszustand, der je nach Stärke von körperlichen Begleiterscheinungen geprägt ist und der für den Betroffenen eine bestimmte Bedeutung hat. Zu den Gefühlen (auch seelische Gefühle oder Emotionen) zählen wir Freude und Zuneigung als angenehme, Gleichgültigkeit als neutrale sowie Angst, Trauer, Niedergeschlagenheit, Abneigung, Scham und Ärger als unangenehme Empfindungen. Mit Ausnahme der Gleichgültigkeit können Menschen diese Gefühle in unterschiedlicher Stärke (Intensität) erleben. Hierfür kennen wir eine Vielzahl weiterer Begriffe. Zur Angst können wir so beispielsweise auch die Bezeichnungen Bammel, Besorgnis, Schiss oder Panik zuordnen.

**Abbildung 1:** *Gefühlsdimensionen*

In der Alltagssprache wird häufig das Wort „Gefühl“ für etwas benutzt, was nach dieser Begriffsbestimmung nicht als Gefühl im Sinne einer Emotion zu verstehen ist. So gibt es beispielsweise körperliche Begleiterscheinungen von Gefühlen (wie Unruhe, Herzrasen oder Bauchgrummeln) oder auch Gedanken (wie das „Gefühl“, der lacht mich aus oder dem kann man nicht trauen) oder Körpergefühle wie Hunger, Durst oder Schmerz.

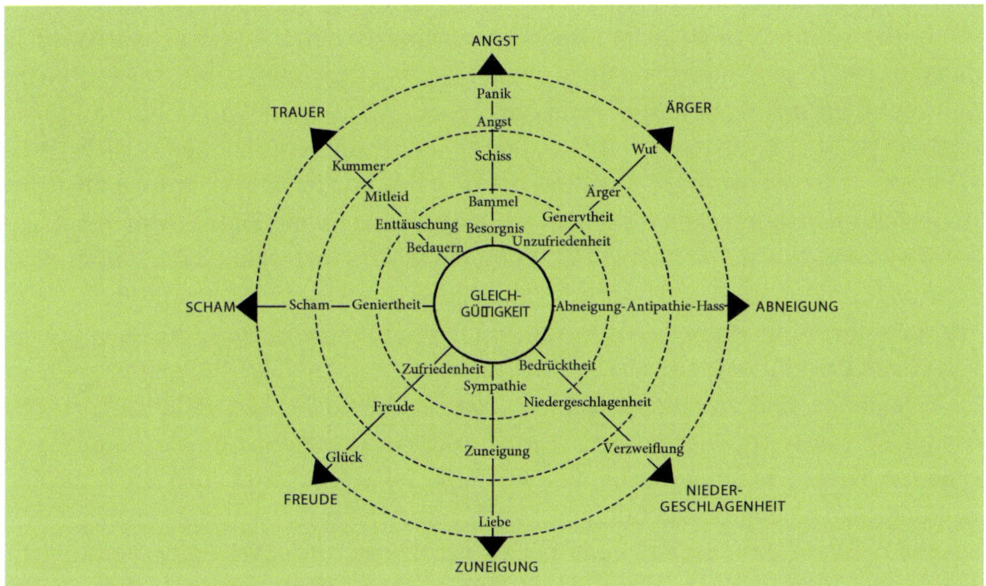


**Abbildung 2:** *Der Gefühlsstern*

*(aus Stavemann, 2018b, S. 29, mit freundlicher Genehmigung des Beltz Verlags)*

### 1.1.2 Wie entstehen Gefühle und wie kann man sie beeinflussen?

Gefühle *haben* Kinder nicht einfach und Gefühle kommen auch nicht einfach irgendwie oder irgendwoher. Menschen *machen* sich ihre Gefühle in der Regel selbst. Und zwar dadurch, wie sie eine Situation, die sie gerade erleben, verstehen, beurteilen und bewerten. Dieses Denken kann ihnen bewusst sein, es kann aber auch unbewusst und sozusagen „vollautomatisch“ ablaufen. Findet ein Kind beispielsweise etwas toll, wird es Freude verspüren; findet es etwas so richtig blöd, wird es sich ärgern; findet es etwas peinlich, wird es sich schämen; findet es etwas schade, wird es Trauer empfinden; glaubt es, dass ihm irgendetwas droht, wird es sich ängstigen. Welches Gefühl und welche Gefühlsstärke ein Kind erlebt, hängt also davon ab, wie es die entsprechende Situation bewertet. Unsere Bewertung macht unser Gefühl. So wie wir über eine Situation denken, so fühlen wir. Ausnahmen bilden bestimmte reflexhafte Emotionen, die uns mehr oder weniger evolutionär eingebrannt sind, wie zum Beispiel die Angst vor Höhen oder Dunkelheit oder vor sich schlangenhaft bewegenden Tieren. Gut beobachten lässt sich die Wirkung eines solchen, im Zwischenhirn verankerten ererbten Programms z. B. bei Vögeln: Kleine Küken reagieren auf Raubvogelsilhouetten mit Angst, auch ohne das Vormachen der Eltern und ohne eigene Erfahrungen mit ihren natürlichen Feinden.

Kinder kommen in vielerlei Hinsicht als „unbeschriebene Blätter" zur Welt. Zu den meisten Dingen haben sie noch keine Meinung und Bewertung. Die lernen sie erst durch Erfahrungen und mithilfe ihrer Bezugspersonen. Von Geburt an registrieren sie, wie Erwachsene mit Situationen umgehen, und schauen es sich ab. So sehen sie z. B. die vor Angst geweiteten Augen der Mutter, als die Spinne über den Boden krabbelt, bemerken die freudige Erregung, wenn die Eltern Besuch bekommen, oder die ängstliche Aufregung, wenn die Eltern noch schnell die Wohnung in Ordnung bringen, bevor Besuch kommt. Oder sie nehmen den erhöhten Puls der Mutter wahr, wenn diese sie das erste Mal in die Kita bringt, oder beobachten die ärgerliche Ungeduld des Vaters, wenn ihm etwas nicht auf Anhieb gelingt.

Erziehende sind wie Blaupausen für das sich entwickelnde Gefühlsleben ihrer Kinder: Was sie selbst an Gefühlsreaktionen vorleben und wie sie auf die Gefühle ihrer Kinder reagieren, prägt deren emotionales Repertoire. Möchten Eltern und Erziehende Kindern dabei helfen, ein Gefühlsleben zu entwickeln, mit dem sie weitestgehend ausgeglichen und ohne unnötige emotionale Turbulenzen ihre Welt entdecken können, müssen sie darauf Einfluss nehmen, wie ihre Kinder über diese Welt denken. So gibt es manche Sichtweisen und Einstellungen, mit denen wir es uns schwerer, und andere, mit denen wir es uns leichter machen können. Hierzu ein Beispiel:

*Ein Vater steht mit seinem knapp dreijährigen Sohn in der Schlange an der Eisdiele. Der Sohn freut sich schon die ganze Zeit auf sein Schokoeis und kann es kaum erwarten. Endlich sind sie an der Reihe, als ihnen der Eisverkäufer mitteilt, dass er eben die letzte Kugel Schokoeis verkauft hat. Der Junge kann dies furchtbar ungerecht und gemein finden, schließlich wollte er ja unbedingt Schokoeis und hat dafür auch noch brav gewartet. Vielleicht wird er schimpfen oder weinen, vielleicht stößt er seinen Vater weg, der ihn beruhigen möchte, oder schlägt wütend auf die Eisvitrine.*

*Der Vater könnte seinen Jungen jetzt in seiner Sicht bestärken, indem er zum Beispiel sagt, dass es frech von den anderen Kunden gewesen sei, so viel Eis zu kaufen, dass es nicht für alle reicht. Oder dass der Eisverkäufer sich blöde angestellt habe, weil er zu wenig Schokoeis vorrätig hat. Oder er versucht das vermeintliche Unrecht durch einen Trost auszugleichen und bietet dem Sohn eine zusätzliche Kugel Eis an. Kurz, er würde ihn in der Annahme bestätigen, dass es „gerecht" zugehen müsse, dass sein Sohn keinen Nachteil erleiden dürfe und dass man sich ungeheuer aufregen und ärgern müsse, wenn dies doch passiert. Alternativ könnte der Vater tröstend und verständnisvoll sagen, dass sie nun einmal heute Pech gehabt haben, dass er dies schade findet und versteht, dass auch der Sohn das schade findet. Aber so sei es nun mal im Leben: Es geht ungerecht zu, mal zum eigenen Vorteil (dann bekommt man selbst die letzte Kugel), mal zum eigenen Nachteil – „so isses eben". Hier ist der Vater ein Modell dafür, wie der Sohn mit den alltäglichen Frustrationen umgehen kann: Sie zu akzeptieren und sich nicht ständig in unnötige, nichts verändernde Wut zu versetzen.*

Kinder werden nicht automatisch die für sie günstigen Sichtweisen lernen. Dafür brauchen sie ein Vorbild oder mehrere Modelle und häufig auch eine konkrete Anleitung. Hier setzt das vorliegende Buch an, um Erziehenden zum einen die notwendigen Lernfelder aufzuzeigen und zum anderen durch Beispiele und konkrete Anregungen Hilfestellung im Erziehungsalltag zu bieten.

## 1.2 Wie Kinder soziale Verhaltensmuster erlernen

In den folgenden Abschnitten werden die typischen Wege beschrieben, auf denen sich Kinder bestimmte Verhaltensweisen aneignen.

### 1.2.1 Reiz-Reaktions-Lernen: Reflexe und Prägung

**Reflexe:** Reflexe sind unwillkürliche, rasche und immer gleiche Reaktionen des Organismus auf bestimmte Reize. Hier unterscheidet man angeborene und erlernte Reflexe. Erlernte Reflexe kann man mit der „Klassischen Konditionierung" erklären: Beschrieben wird zuerst eine einfache angeborene Reizreaktion (auch Reflex genannt), die nicht auf Lernen zurückgeführt wird, z. B. sehr lautes Donnergrollen löst beim Kind eine Schreckreaktion aus. Hat es beobachtet, dass dem Donner ein Blitz ohne Geräusch vorausgeht, erfolgt nun die Konditionierung: Wenn das Kind das nächste Mal einen Blitz sieht, wird es bereits eine Schreckreaktion zeigen, bevor es donnert. Damit verbindet das Kind nun einen ehemals neutralen Reiz (Blitz) mit einer bestimmten Reaktion (Angst).

**Prägung:** Unter Prägung versteht man in der Verhaltensbiologie eine unumkehrbare Form des Lernens. Während eines relativ kurzen, genetisch festgelegten Zeitraumes werden Reize der Umwelt derart dauerhaft in das Verhaltensrepertoire aufgenommen, dass sie später wie angeboren erscheinen.

### 1.2.2 Lernen am Erfolg: Belohnen und Bestrafen

„Lernen am Erfolg" (auch instrumentelles oder operantes Konditionieren genannt) bedeutet: Ein Kind wird ein spontan gezeigtes Verhalten dann wiederholen, wenn es angenehme Konsequenzen erfährt. Diese Konsequenzen nimmt es als Belohnung wahr und wird dann davon ausgehen, diese Belohnung bei wiederholtem Verhalten auch erneut zu bekommen.

*Wird das einjährige Kind immer dann auf den Arm genommen, wenn es quengelt, lernt es, dass das Quengeln zu einer für es angenehmen Konsequenz führt.*

*Erfährt es dann Zuwendung, wenn es gerade ruhig alleine spielt, wird dieses Verhalten belohnt und bestärkt.*

Ein Kind wird ein Verhalten mit zunehmender Wahrscheinlichkeit *nicht* wiederholen, je unangenehmer es die darauf folgende Konsequenz erlebt.

*Die Eineinhalbjährige kratzt ihren älteren Bruder, weil sie das Spielauto haben möchte, das dieser gerade in den Händen hält. Der Vater nimmt seine Tochter sofort auf, spricht deutlich und streng zu ihr („Nein! Nicht kratzen! Das tut Lukas weh. Lukas hat das Auto jetzt.") und setzt sie in Sichtweite ein paar Meter weiter weg. Dann geht er zu ihrem Bruder und spielt mit ihm ruhig weiter.*

*Erlebt das Kind diese Reaktion des Vaters als hinreichend unangenehm, erhöht sich die Wahrscheinlichkeit, dass es den Bruder oder ein anderes Kind beim nächsten Mal nicht kratzt, wenn es etwas haben möchte, womit dieses Kind gerade spielt. Kommt sie nicht selbst wieder zu Bruder und Vater gekrabbelt, geht der Vater zu ihr und fragt, ob sie weiter mit ihnen zusammen spielen möchte, ohne dabei ihren Bruder zu kratzen.*

### 1.2.3 Modelllernen: Vor- und Nachmachen

Diese Theorie beschreibt das Lernen durch Beobachten des Verhaltens von Modellen und Vorbildern. Hier wird besonders die Bedeutung von Wahrnehmen, Verarbeiten des Wahrgenommenen und Bewerten des Beobachteten beim Beobachter deutlich: Damit ist dessen Verhalten nicht nur eine reine, quasi automatische Reaktion auf etwas, sondern das Ergebnis eines gedanklichen Prozesses (Bandura, 1976). Dabei gilt,

- dass die Modelle nicht zwingend in der jeweiligen Situation anwesend sein müssen
- dass Gelerntes nicht zwingend sofort in eigenem Verhalten gezeigt wird, sondern auch erst später zum Tragen kommen kann und
- dass das Kind nicht immer tatsächlich gezeigtes Verhalten als Modell braucht, sondern dass auch ein Beschreiben davon ausreichen kann.

Für das Modelllernen muss ein Kind das Verhalten eines Vorbilds zuerst einmal wahrnehmen. Dies tut es eher,

- wenn beide eine positiv besetzte emotionale Beziehung zueinander haben
- wenn das Vorbild soziale Macht besitzt, also belohnen oder bestrafen kann (Gerrig & Zimbardo, 2008) und
- wenn das Kind die gezeigten Verhaltensweisen für seine „Ziele" als sinnvoll erachtet, d. h., wenn es sich davon etwas verspricht.

Anschließend muss das Kind in der Lage sein, das Erlebte im Gedächtnis abzuspeichern, und die psychomotorischen Fähigkeiten besitzen, um es auszuprobieren und nachzuahmen. Erfährt es dafür eine positive Konsequenz (z. B. Fremd- oder Eigenlob), wird es dieses Verhalten verstärkt zeigen und üben.

*Louis, zweieinhalb Jahre, spielt vergnügt im Sandkasten, umringt von seinen Förmchen und Schaufeln. Ein fremdes Kind kommt dazu und nimmt sich ein bislang unbenutztes Förmchen. Louis greift danach und zieht es wieder an sich. Er schimpft, dass das seines sei, und jammert nach der Mama. Diese kommt dazu und sagt zu Louis: „Du hast viele Spielsachen hier. Das Förmchen hast du gerade gar nicht benutzt. Du kannst es dem Kind ausleihen." Wenn er das Förmchen nicht freiwillig herausrückt, öffnet die Mutter sanft seine Hand, gibt es dem anderen Kind und sagt zu diesem: „Du kannst es dir ausleihen. Wir brauchen es gerade nicht. Möchtest du mit uns Kuchen backen?"*

*Die Mutter ist in diesem Beispiel ein Modell für Teilen und Konfliktlösen. Möchte sie dieses Verhalten bei Louis verstärken, sollte sie ihn anschließend dafür loben, dass er sein Spielzeug geteilt hat.*

Manche Eltern glauben, dass Kinder vorrangig selbst und untereinander ein soziales Miteinander lernen sollten. Beachtet man, dass jedes Kind ein Neuling in diesem Bereich ist, hieße das, dass Anfänger von Anfängern lernen und dass ihnen die Erwachsenen ihren Erfahrungsschatz vorenthalten. Nicht jedes Kind wird sich jede soziale Regel intuitiv erschließen können. Es benötigt dazu ein Erklären, Anleiten und Training. Sonst läuft es Gefahr, trotz bester Absichten mit seinem Verhalten immer wieder danebenzuliegen. Es wird nicht wissen und verstehen, warum es immer wieder aneckt und negative Konsequenzen wie zum Beispiel Ärger und Ablehnung erfährt. Und es wird keine Idee haben, wie es das verändern kann. Möglicherweise verliert das Kind dann die Motivation, es noch einmal zu versuchen, und erlebt sich schlimmstenfalls in diesem Bereich als unzulänglich und unfähig.

Modelllernen funktioniert allerdings nicht nur bei erwünschtem Sozialverhalten und anderen Fähigkeiten. Auch andere Eigenheiten des Modells werden kopiert, selbst wenn es sich hierbei um ungünstige Denk- und Verhaltensmuster handelt und selbst wenn das auserwählte Vorbild es gar nicht vermitteln möchte.

*Maikes Mutter hat eine ausgeprägte Angst vor Spinnen. Stößt sie unvermittelt auf ein noch so kleines Krabbeltier, reagiert sie panisch. Die Mutter hält diese Angst selbst für maßlos übertrieben und möchte sie der kleinen Maike keinesfalls vermitteln. Deswegen reißt sie sich nun zusammen und schreit nicht mehr, wenn sie auf eine*

*Spinne trifft. Dennoch nimmt Maike die vor Angst geweiteten Augen der Mutter, ihre ängstliche Mimik und ihren Schrecken wahr. Auch ohne dass es Maikes Mutter sagt, lernt sie so: „Spinnen sind gefährlich!"*

## 1.3 Was sind ungünstige Gefühle und Verhaltensweisen?

Aus den oben beschriebenen Wegen, wie Kinder lernen, wird deutlich, dass die Bandbreite dessen, was sich ein Kind aneignen kann, nahezu unendlich groß ist. Welches Verhalten oder welche Gefühlsreaktion ein Kind oder auch ein Erwachsener für günstig und angemessen hält, ist dabei abhängig von den jeweiligen Wertvorstellungen, der jeweiligen Moral, dem persönlichen Geschmack und den eigenen Zielen. Wenn wir nun die Gefühle und das Verhalten von Kindern in günstige und ungünstige Reaktionen einteilen, messen wir dies daran, inwieweit sie dazu beitragen, das Leben nach den eigenen Zielvorstellungen zu gestalten und sich dabei weitestgehend als ausgeglichen und zufrieden zu erleben. Unter ungünstigen Gefühls- und Verhaltensreaktionen eines Kindes verstehen wir solche,

- unter denen das Kind selbst unnötig leidet, z. B. wenn es sich zu häufig oder zu sehr ängstigt und sich deshalb nicht traut, bestimmte Dinge zu tun, die es eigentlich gern täte und die zum Erreichen seiner Ziele erforderlich wären
- unter denen andere unnötig leiden und das Kind deswegen unerwünschte soziale Konsequenzen erfährt, z. B. wenn andere Kinder aus diesen Gründen nichts mit ihm zu tun haben möchten
- die das Kind daran hindern, die für sein Alter und seinen sonstigen Entwicklungsstand angemessenen neuen Lebensaufgaben anzugehen.

Wenn Kinder sehr häufig oder zu stark mit ungünstigen Gefühls- und Verhaltensweisen reagieren, kann man folgende typische Schwierigkeiten beobachten:

**Selbstunsicherheit:** Das selbstunsichere Kind traut sich wenig oder nichts zu, steht am Rand, verhält sich passiv, ordnet sich unter, ohne den eigenen

Standpunkt angemessen zu vertreten, möchte nichts oder wenig alleine machen und sucht die Nähe zu meist erwachsenen Bezugspersonen, wenn es sich etwas nicht alleine traut. Bei tatsächlichem oder vermeintlichem Fehlverhalten reagiert es mit pauschaler Selbstabwertung (ich bin zu blöd; ich kann gar nichts; alle anderen sind besser als ich) und starker Gefühlsreaktion, typischerweise mit Scham, aber auch mit Trauer und Niedergeschlagenheit.

**Wutausbrüche:** Das wütende Kind fordert, dass immer alles nach seinem Willen geht; es will nicht zurückstecken und nicht verzichten; es will seinen Willen und sein Bedürfnis *jetzt* durchsetzen; es streitet um vermeintliche Gerechtigkeit, akzeptiert nicht die Grenzen anderer und reagiert schnell und häufig mit starkem Ärger.

**Bequemlichkeit:** Das anstrengungsvermeidende Kind will, dass es jederzeit möglichst leicht und lustvoll durchs Leben geht. Alles soll angenehm sein und Spaß bereiten. Aufgaben, die es anstrengend und lästig findet, vermeidet es selbst dann, wenn ihm daraus negative Konsequenzen drohen. Ganz nach dem Motto: Hauptsache, ich habe jetzt erstmal Spaß! Es kümmert sich nicht um die späteren Konsequenzen.

**Risikovermeidung:** Das lebensängstliche Kind scheut das Risiko. Es traut sich nicht, Dinge zu tun aus Angst vor Verletzung und möglichem Tod. Es möchte hundertprozentig sicher sein, dass ihm auch nichts passiert, bevor es etwas Neues ausprobiert, und braucht z. B. abends von der Mutter die Rückversicherung, dass es auch wirklich am nächsten Morgen wieder aufwacht. Es sorgt sich ständig um Bedrohungen für Leib und Leben und möchte von seinen Bezugspersonen die Bestätigung, dass ihm auch wirklich nichts passieren wird.

Auf diese verschiedenen Auffälligkeiten im Gefühlsleben und im Verhalten von Kindern gehen wir in den nachfolgenden Kapiteln ein. Wir skizzieren hierbei auch, was stattdessen günstige Gefühlsreaktionen und Verhaltensweisen für Kinder, Jugendliche und Erwachsene sind, wie diese ab dem frühen Kindesalter zu erlernen sind und worauf Erziehende dabei achten können.

### 1.3.1 Weshalb ist Umlernen so schwer?

Jeder kennt es: Man besitzt eine lästige Angewohnheit, die man gern los wäre, aber man schafft es einfach nicht, dieses bestimmte Verhalten zu lassen oder zu verändern. Das liegt auch an der Arbeitsweise unseres Gehirns: Jeder Lernprozess bedeutet das Bilden bestimmter neuer Verknüpfungen im Gehirn. Heute weiß man aus der Neurobiologie, dass es nicht möglich ist, einmal Gelerntes einfach zu löschen. Ähnlich wie das Internet vergisst auch das Gehirn nie. Es ist allenfalls möglich, dem einmal Gelernten etwas Neues entgegenzustellen und durch mühevolles Üben in unserem Gehirn so gut zu „bahnen", dass die Chance größer wird, künftig mit dem neu Gelernten statt dem Altbekannten zu reagieren. Deshalb ist Umlernen stets schwerer, als etwas neu zu lernen.

*Wer die ersten 20 Jahre seiner aktiven Zeit als Autofahrer im Rechtsverkehr zugebracht hat, wird sich in seinem ersten Urlaub in Großbritannien nur mit viel Mühe und Konzentration auf den Linksverkehr einstellen können. Und sogar wenn er nun schon seit Wochen im Linksverkehr unterwegs ist, wird er sich selbst immer wieder dabei erwischen, dass er in überraschenden Situationen im ersten Moment spontan nach den Regeln des Rechtsverkehres reagiert. Nur durch gezieltes Üben und Konzentrieren wird er sein neues Wissen über den Linksverkehr abrufen können.*

So verhält es sich nicht nur bei einmal gut gelernten Verhaltensweisen, sondern auch bei Gefühlsreaktionen. Aus diesem Grund ist es so wichtig, möglichst von Beginn an Kindern die Möglichkeiten zu geben, günstige Gefühls- und Verhaltensreaktionen zu lernen und auf diese Weise ein späteres, mühevolles Umlernen zu vermeiden.

### 1.3.2 Worauf Erziehende in ihrer Kommunikation achten können

Bevor wir auf die eigentlichen Erziehungsinhalte eingehen, betrachten wir, worauf Erziehende in ihrer Kommunikation mit Kindern achten können. Jeder, der sich für die Aufgabe entschieden hat, ein oder mehrere Kinder großzuziehen, wird bereits festgestellt haben, dass man um Konsequenz oder Strenge beim Erziehen nicht herumkommt – egal wie „liberal" die eigene Haltung auch sonst sein mag. Strenge, im Sinne von

(1) auf das Einhalten von aufgestellten Regeln achten und

(2) die angekündigten negativen Konsequenzen bei Nichteinhalten durchzuführen, ist für Kinder unproblematisch, solange es die Regeln kennt und die Möglichkeit hat, sie zu befolgen und damit die negative Konsequenz zu vermeiden.

Sind die Regeln unbekannt, mehrdeutig, unstet (d h., fallen die Reaktionen der Erziehenden mal so oder mal so aus) oder hat das Kind gar keine Chance, die Regel zu befolgen und der negativen Konsequenz zu entgehen, sind psychische und emotionale Probleme beim Kind vorprogrammiert. Im Kapitel 3.3.2 gehen wir daher noch gesondert auf das Thema Regeln und Konsequenzen ein. Bei strengen Ansprachen an das Kind können Erziehende darüber hinaus auf Folgendes achten:

- sich möglichst auf Augenhöhe mit dem Kind begeben, z. B. vor das Kind knien oder es auf den Schoß nehmen, Augenkontakt herstellen oder das Kind auffordern, einen anzuschauen
- Körperkontakt herstellen, z. B. beide Hände des Kindes anfassen, die eigenen Hände auf die Oberarme des Kindes legen, eigene Hand auf den Rücken des Kindes legen, das Gesicht des Kindes mit beiden Händen fassen
- Stimme laut, klar und bestimmt; nicht schreien
- am Ende der Ansprache fragen, ob es das Gesagte verstanden hat, und ggf. Unklares erklären.

Führt eine Erziehungsidee nicht sofort zum gewünschten Ergebnis, heißt das nicht, dass sie nicht funktioniert und sich nicht doch irgendwann auszahlt. Manche Kinder haben eine kürzere, andere eine längere Lernkurve. Und bevor Kinder sich konsequent verhalten, prüfen sie oft genau, ob ihre Eltern und Erziehenden das selbst auch tun.

# 2. Selbstsichere Kinder – Ein gesundes Selbstbild fördern

Wie Kinder über sich selbst denken – das Selbstbild, das sie von sich haben –, hat große Auswirkung darauf, ob sie sich gut fühlen, zufrieden und ausgeglichen sind, ob sie mit anderen Kindern oder Erwachsenen gut zurechtkommen und ob sie anstehende Entwicklungsaufgaben meistern können. Aber woran liegt es, dass Kinder entweder günstige oder ungünstige Überzeugungen und Meinungen zu sich, ihren Mitmenschen und ihrer Umwelt entwickeln? Woran liegt es,

- dass einige Kinder sich so wenig und andere sich so viel zutrauen?
- dass einige offen und neugierig auf neue Personen reagieren, während andere ängstlich und eingeschüchtert in der Ecke stehen?
- dass manche sich über einen Fehler und die daraus resultierenden Folgen ärgern, andere sich dafür in Grund und Boden schämen?
- dass sich einige Kinder über Geleistetes freuen, andere dafür jedoch immer zusätzlich das Lob eines anderen brauchen?
- dass es manche Kinder nur schwer ertragen, wenn sie jemand nicht mag, während andere das offenbar ziemlich unberührt lässt?

Auf diese Fragen gehen wir in diesem Kapitel ein und betrachten, was Erziehende tun können, um günstige selbstbezogene Gedanken von Kindern zu fördern.

Für diese Themen werden in der Psychologie, der Pädagogik und auch in der Alltagssprache verschiedene Begriffe genutzt. Um in diesem Kapitel sprachlich klar und verständlich zu sein, möchten wir sie im Folgenden kurz erklären:

**Selbstkonzept/Selbstbild:** Ein Selbstkonzept bzw. Selbstbild umfasst Wahrnehmungen zur und Annahmen über die eigene Person. Dazu gehört auch die Kenntnis von persönlichen Eigenschaften, Fähigkeiten, Vorlieben, Gefühlen und Verhaltensweisen. Es beinhaltet damit ein mehr oder weniger ausgefeiltes Beschreiben der eigenen Person in Form von Eigenheiten, Eigenschaften, Merkmalen, Fähigkeiten und moralischen Instanzen – mit oder ohne Bewerten der einzelnen Punkte, z. B.: „Ich kann gut Flöte spielen, bin meist zu faul zum Aufräumen, kann schon alleine Spaghetti kochen, streite mich oft mit meinem Bruder, habe Sommersprossen, kann nicht so gut rechnen, lese gern Comics, …"
Künftig verwenden wir nur noch den Begriff des Selbstbildes.

**Selbstwert:** Das ist der Wert, den sich jemand selbst zuschreibt, z. B.: „Alle finden mein T-Shirt cool, ich bin echt der coolste (oder auch tollste/beste/wertvollste) Typ von allen!"

**Selbstwertkonzept:** Ein Selbstwertkonzept ist ein Teil des Selbstbildes und beschreibt die Art und Weise, die Regeln und Bedingungen, nach denen jemand seine eigene Wertigkeit oder die von anderen bestimmt, z. B.: „Wer am schnellsten rennt und die meisten Freunde hat, ist am meisten wert."

**Selbstwertproblem:** Von einem Selbstwertproblem spricht man, wenn jemand aufgrund der Regeln und Bedingungen, nach denen er seinen Selbstwert bestimmt, unter emotionalen Problemen leidet, z. B. wenn er denkt: „Nur wer am schnellsten rennt und die meisten Freunde hat, ist etwas wert. Felix war schneller als ich und alle finden ihn jetzt toll. Ich bin schlechter und deswegen nichts wert. Das ist so schlimm!" – und so in tiefer Trauer wegen seines vermeintlichen Wertverlustes versinkt.

**Selbstwirksamkeit:** Wer aus der Vergangenheit weiß, dass er in Problemsituationen erfolgreiche Bewältigungsstrategien zur Verfügung hatte und diese zielgerichtet umsetzen konnte, schätzt seine Selbstwirksamkeit hoch ein. Wer dagegen keine erfolgreichen Strategien besaß oder günstige nicht umsetzen konnte, besitzt eine geringe Erwartung bezüglich der eigenen Wirksamkeit.

**Selbstvertrauen:** Wer aufgrund vergangener Erfahrungen eine hohe Selbstwirksamkeit in neuen Situationen vermutet, besitzt großes Selbstvertrauen.

**Selbstsicherheit:** Das Auftreten einer Person mit großem Selbstvertrauen und empfundener hoher Selbstwirksamkeit wirkt auf andere selbstsicher.

Schon bei kleinen Kindern kann man beobachten, wie ausgeprägt z. B. ihr Selbstvertrauen in bestimmten Situationen ist. Aber wenn wir sie fragen, wieso sie etwas tun oder eben nicht, können sie das häufig nicht erklären. Ihnen fehlt noch die Fähigkeit, sich selbst bei ihrem inneren Entscheiden und Handeln zu beobachten. Außerdem können sie das, was sie bereits erkennen und verstehen, sprachlich noch nicht ausdrücken.

## 2.1 Wie entwickeln Kinder ihr Selbstbild?

Man versteht unter einem Selbstbild wie oben bereits beschrieben das Wahrnehmen der eigenen Person, das durch Sammeln von Erfahrungen mit der Umwelt, mit wichtigen Bezugspersonen und den eigenen Beziehungen zu diesen gebildet wird. Diese Informationen nutzt ein Kind, um das Verhalten anderer Personen vorauszusagen und sich so in seiner sozialen Umwelt zurechtzufinden.

Entwicklungspsychologen beschäftigen sich unter anderem mit der Frage, wie und wann Kinder ein Selbstbild entwickeln, also ab wann sie in welchem Umfang und in welcher Art über sich selbst nachzudenken beginnen.

### Die ersten Schritte zu Bindung und Beziehung

Menschen sind soziale Wesen und haben ein angeborenes Bedürfnis nach Zugehörigkeit (Baumeister & Leary, 1995). Je älter sie werden, desto genauer prüfen sie, ob und mit wem sie ihre Zeit verbringen möchten. Je jünger sie sind, desto stärker ist ihr Bedürfnis nach Zugehörigkeit, denn umso mehr sind sie auf ihre Bezugspersonen angewiesen. Daher sind schon Säuglinge Meister darin, die Aufmerksamkeit ihrer Bezugsperson(en) immer wieder auf sich zu ziehen und sie zu beeinflussen, damit sie nicht vergessen oder ihre Bedürfnisse übersehen werden. Wenn dabei eine Strategie zum Erfolg führt, lernt schon ein Säugling und wird diese Strategie immer wieder anwenden.

Für ein kleines Kind ist es daher wichtig – überlebenswichtig – zu erkennen, wie es von seinen Bezugspersonen bewertet wird, also ob und wann sie dem Kind wohlgesonnen, bei Problemen verfügbar und bereit sind, es zu beschützen und zu versorgen. Diese Beziehung zwischen Bezugsperson(en) und Kind nennt man Bindung. Kinder, die sich als sicher gebunden erleben, zeigen eher eine positive Sicht auf sich selbst, also ein positives Selbstbild. Erleben Kinder das Beziehungsverhalten ihrer Bezugspersonen als unzuverlässig und mit unzureichender emotionaler Zuwendung, wird ihre Bindungserfahrung eine unsichere sein und es werden bei diesen Kindern häufiger emotionaler Stress und ungünstige Selbstbilder zu beobachten sein (Stavemann et al., im Druck).

### Das Verhalten der Bezugspersonen

Kleinkinder erkennen und erforschen Zusammenhänge, bevor sie sprechen können, z. B. Zusammenhänge zwischen dem eigenen Willen, ihrem Körper und dem Verhalten anderer: Das Kind bewegt seine Hand, nimmt einen Löffel, wirft ihn hinunter und sieht, dass ein Erwachsener ihn wieder aufhebt. Das wiederholen Kleinkinder und erproben es so lange, bis sie das Ergebnis als Konzept abspeichern. Sie nehmen die Reaktion der Bezugspersonen wahr und unterscheiden zwischen positiven oder negativen Reaktionen, z. B. ich werfe den Löffel runter – Mama schimpft; ich hebe ihn wieder auf – Mama freut sich und lobt mich. Sie lernen: „Auf unterschiedliches Verhalten bekomme ich unterschiedliche Reaktionen", stellen dabei einfache Wenn-dann-Regeln auf und richten ihr eigenes Verhalten danach aus. Auch zeigen Bezugspersonen eigene Gefühle und Einstellungen den Kindern gegenüber. Dies nimmt das Kind als fremde Wahrnehmung auf und leitet daraus Informationen über die eigene Person ab. Dabei gilt:

> Je klarer, konsequenter und berechenbarer die Erwachsenenreaktion erfolgt, desto schneller wird ein Kind daraus eine innere Regel ableiten und sein Verhalten daran ausrichten.

Kinder entwickeln ihr Selbstbild ständig weiter und verändern es durch neue Erfahrungen. Erst bei älteren Kindern und bei Erwachsenen bleibt es relativ stabil. Damit gilt auch in Bezug auf das Selbstbild, dass Menschen vor allem in ihrer Kindheit lernen. Zu Beginn sind sie noch gegenüber vielen Dingen unwissend und meinungslos. Erst über die kindliche Entwicklung und Reifung sowie durch die Informationen, die sie von den Bezugspersonen aufnehmen, entwickeln sie schrittweise ihr Selbstbild.

### Geborgenheit und Zuneigung

Schon bei Säuglingen ist zu beobachten, dass sie alles in ihrer Macht Stehende tun, um die Aufmerksamkeit ihrer Bezugspersonen zu erlangen, z. B. durch Strampeln, Glucksen und ähnliche Strategien. Gelingt ihnen das nicht, versuchen sie es über Weinen. Denn selbst eine negative Aufmerksamkeit durch eine genervte Mutter scheinen sie wichtiger zu finden, als gar keine zu bekommen. Dies ist verständlich, wenn man bedenkt, dass Säuglinge nur überleben können, wenn wenigstens irgendjemand irgendwie auf sie reagiert und sie versorgt. Dabei geht es hier zuerst um rein körperliches Versorgen (Stavemann et al., im Druck).

Dass das körperliche Versorgen allein nicht ausreicht, um psychisch gesunde Kinder heranzuziehen, zeigen wissenschaftliche Erkenntnisse: Kinder, die zwar körperlich durch Essen, Kleidung, sichere Unterkunft versorgt und zudem nicht misshandelt wurden, ohne jedoch zusätzlich auch emotionale Zuwendung zu erhalten, erkrankten mit höherer Wahrscheinlichkeit später psychisch und wiesen eine geringere Lebenserwartung als der Durchschnitt auf.

Bei Menschen wird daher ein ihnen innewohnendes Bedürfnis nach Zugehörigkeit angenommen (Baumeister & Leary, 1995). Sie benötigen für eine gesunde

Entwicklung nicht nur eine körperliche, sondern auch eine emotionale Versorgung in Form von Zuwendung, Aufmerksamkeit, körperlicher Nähe und Zärtlichkeit. Dazu gehören auch das Widerspiegeln kindlicher Gefühle und das Nachahmen von Mimik, Gestik und Verhaltensweisen. Nur so können Kinder psychisch gesund heranwachsen.

### Voraussetzungen für das Selbstbild

Begreift das Baby nach der Geburt langsam, dass es eine von der Mutter unterscheidbare und getrennte Einheit ist (Rochat, 2002), lernt es, zwischen Ich und Nicht-Ich zu unterscheiden. Eine weitere wichtige Rolle für den Aufbau des Selbstbildes spielt die Sprachentwicklung (Harter, 1998). Mittels Sprache können Menschen sich selbst darstellen (repräsentieren), zwischen Ich und Du unterscheiden, indem sie Personalpronomen benutzen, und ein autobiografisches Gedächtnis vergangener Ereignisse bilden. Letzteres liefert dann die Grundlage für die persönliche Lebensgeschichte.

Daneben sind es vorrangig die Beziehungen zu Bezugspersonen, also zu Eltern, weiteren Familienangehörigen, anderen Erziehenden und Gleichaltrigen, die das Selbstbild von Kindern beeinflussen. Letztere bekommen von klein auf Rückmeldungen zu ihrem Verhalten sowie ihren Fähigkeiten und sie vergleichen sich, ihr Verhalten sowie ihr Können mit anderen (Butler, 1998).

Da die Fähigkeit des Kindes, über sich selbst nachzudenken, sich parallel zu den sprachlichen Fähigkeiten entwickelt und da dies ein explizites Selbsterkennen und Selbstdarstellen beinhaltet, wird davon ausgegangen, dass Kindern im Säuglings- und frühen Kleinkindalter dieser direkte Zugang zum Selbstbild noch nicht möglich ist. Kleine Kinder sind sich ihrer Person noch nicht bewusst. Sie nehmen vorrangig ihr Tun wahr und beobachten dessen Folgen.

### Entwicklung des Selbstbildes

Von Geburt an haben wichtige Bezugspersonen entscheidenden Einfluss auf das Entwickeln des kindlichen Selbstbildes. Durch Widerspiegeln und Nachahmen der kindlichen Gefühle und Verhaltensweisen werden diese den Kindern verdeutlicht und erkennbar gemacht. So sammeln schon Säuglinge Wissen über sich selbst.

Zwischen dem 18. und dem 20. Lebensmonat erkennen sich Kleinkinder im Spiegel. Man kann dies als erstes Zeichen dafür verstehen, dass sie sich ihrer Person bewusst werden. Kinder sind nun fähig, Gedanken über sich selbst zu denken: „Ich bin das im Spiegel."

Ebenfalls in dieser Zeit beginnen Kinder, Personalpronomen korrekt zu gebrauchen und Eigennamen zu verwenden. Im Alter von 18 bis 24 Monaten verfügen sie über ein gedankliches Selbstbild, welches zusammen mit dem Aneignen von Sprache als Grundlage für das autobiografische Gedächtnis dient. Die Selbstbeschreibungen bei drei- bis vierjährigen Kindern werden jedoch noch vorrangig von einem Alles-oder-nichts-Denken dominiert, z. B.: „Wer einmal lügt, ist ein Lügner." Sie können noch nicht erkennen, dass sie Eigenschaften und Fähigkeiten in unterschiedlicher Qualität aufweisen (Harter, 2006). Zudem neigen sie zu einer naiven Selbstüberschätzung und einem Über-Optimismus, z. B.: „Ich kann schneller Rad fahren als du, Mama."

Im Schulalter nähert sich das Niveau des Selbstbildes einem realistischen Selbsteinschätzen an. Daher ist in diesem Alter ein der kindlichen Entwicklung entsprechender „Abwärtstrend" im Selbstbeurteilen zu beobachten. Erst ca. ab dem achten Lebensjahr können Kinder Informationen über bestimmte eigene Qualitäten (z. B. „Ich fahre schnell Fahrrad.") abstrahieren und in generalisierende Eigenheiten und Fertigkeiten umwandeln, z. B.: „Ich fahre gern Fahrrad und bin gut darin." (Harter, 2006; Randhawa, 2012).

### Perspektivenwechsel

Unter einem Perspektivenwechsel versteht man die Fähigkeit einer Person, sich neben der eigenen Sichtweise auch mögliche abweichende Sichtweisen anderer Personen vorzustellen. Zwischen dem vierten und sechsten Lebensjahr werden Kinder zum Perspektivenwechsel fähig.

Sie beginnen dann zu begreifen, dass ein anderer sich im selben Moment anders fühlen kann als sie selbst, und lernen zunehmend, sich in diesen hineinzuversetzen. Etwa im achten Lebensjahr können Kinder dann drei Perspektiven auseinanderhalten: die eigene, die eines anderen und die eines anderen über einen Dritten.

## 2.2 Wie lernen Kinder Selbstwertkonzepte?

Wir erinnern uns: Das Selbstwertkonzept ist Teil des Selbstbildes, also der Idee darüber, wer man ist, was man kann, was man mag, welche Eigenschaften man besitzt. Ein Selbstwertkonzept beschreibt die Art und Weise, die Regeln und Bedingungen, nach denen jemand seine eigene Wertigkeit oder die von anderen bestimmt, z. B. „Wer von allen gemocht wird, ist ein gutes Kind" oder „Wer die beste Leistung bringt, ist ein gutes Kind". Selbstwertkonzepte sind nicht angeboren, sondern sozial vermittelt, das heißt, ein Kind lernt sie durch und von seinen Bezugspersonen.

## Direkt vermittelte Bewertungsregeln

Kinder beginnen im Alter zwischen zwei und vier Jahren, Grundannahmen über ihre Umwelt zu lernen (Stavemann et al., im Druck). Verschiedene Bezugspersonen können in dieser Zeit einen wichtigen Einfluss nehmen: Eltern, Großeltern, Kita-Erzieher, Nachbarn usw. Sie vermitteln Kindern Normen und Regeln, die sie selbst für richtig halten und die ihren Wert- und Moralvorstellungen entsprechen. Dabei werden Kindern auch Normen vermittelt, wie man sich im Beisein anderer „zu benehmen habe". Und nicht selten schwingt dabei eine meist unausgesprochene Bedrohung mit, wenn „man" sich nicht an diese Regel hält: „... sonst bist du kein gutes Kind!" Bezugspersonen vermitteln so auch unbewusst ihre Selbstwertkonzepte, also durch das, was sie glauben, wann man ein „guter und wertvoller Mensch ist" und wann nicht. Beispiele für solche „sozialen" Normen sind folgende Aufforderungen:

„Man sagt freundlich ‚Hallo' und gibt die Hand zur Begrüßung."
„Man popelt nicht in der Nase, wenn andere es sehen können."
„Als Mädchen passt man auf, dass andere die Unterwäsche unter dem Rock nicht sehen können."

Bezugspersonen, die selbst ihren Wert von der Beliebtheit oder dem Ansehen bei anderen abhängig machen, vermitteln so, dass es wichtig ist, sich an bestimmte soziale Regeln zu halten, damit andere nicht schlecht von einem denken, man von diesen nicht abgelehnt wird und man deswegen nicht am Ende als ungeliebter und damit schlechter Mensch dasteht. Dies wird den Kindern dann mithilfe bestimmter Warnungen nahe gebracht:

„Wenn du noch mal so böse bist, haben wir dich nicht mehr lieb."
„Nur artige Kinder bekommen etwas vom Weihnachtsmann."
„Mit den bösen Kindern will keiner spielen." (Stavemann et al., im Druck)

Auch die Idee, dass man dann ein guter Mensch ist, wenn man Leistung bringt, wird dem Kind vorgelebt oder vermittelt. Manche Bezugspersonen glauben, dass man ein wertvoller Mensch ist, wenn man bestimmte Leistungen erbringt, etwas aus sich macht, etwas erreicht oder sich ganz allgemein fleißig und leistungsorientiert verhält. Das vermitteln sie dann z. B. durch Wertzuschreibungen oder Regeln:

„Lisa ist so fleißig! Sie ist unser Goldstück!"
„Aus faulen Kindern wird nichts. Das sind Versager."
„Nur wer fleißig ist, aus dem kann mal was werden."

## Indirekt vermittelte Bewertungsregeln

Kinder lernen die Selbstbewertungsregeln und -konzepte ihrer Bezugspersonen auch dann, wenn ihnen diese gar nicht gewollt und nicht verbal vermittelt werden. Manche Erziehende ahnen schon, dass einige ihrer Überzeugungen unsinnig sind, und möchten gern vermeiden, diese an ihre Kinder weiterzugeben. Dennoch schauen sich die Kinder auch diese Konzepte und auch gegen den Willen der Bezugspersonen bei ihnen ab, lernen am Modell und ahmen sie nach (Stavemann et al., im Druck).

*Eine Mutter ist mit ihrem einjährigen Sohn auf dem Arm unterwegs zum Arzt. Sie hat sich heute auf der Arbeit abgemeldet, da ihr Kind krank ist. Plötzlich begegnet ihr eine Kollegin. Die reagiert wütend und sagt laut: „Also, das ist ja wohl das Letzte! Wir schuften und du machst dir einen schönen Tag! Na, das werde ich den anderen erzählen!" Da die Mutter ihren Wert davon abhängig macht, ob andere sie mögen und ein gutes Bild von ihr haben, gerät sie spontan in heftige Angst, weil sie befürchtet, von den Kolleginnen abgelehnt zu werden und dann als minderwertig dazustehen. Ihr Herz rast, ihre Pupillen sind geweitet, sie bekommt schweißnasse Hände. Sie bemüht sich um ein Lächeln und versucht, die Kollegin zu beschwichtigen: „Es tut mir so leid, dass ich heute nicht kommen kann. Mein Kind ist wirklich krank. Morgen kann ich bestimmt kommen und bleibe dann die nächsten Tage etwas länger, um nachzuarbeiten!"*

*Selbst wenn sich die Mutter ihres Selbstwertproblems bewusst ist und sich bemüht, dies nicht an ihren Sohn weiterzugeben, bemerkt er dennoch ihre Angstreaktion. Er schlussfolgert daraus, dass es gefährlich ist, von jemandem abgelehnt zu werden, und erkennt den Versuch der Mutter, die „Gefahr" zu bewältigen: verhalte dich freundlich, angepasst und unterwürfig. Nach und nach versteht er, dass dieses Verhalten dazu dient, Ablehnung zu vermeiden, gemocht zu werden und damit als geliebter und wertvoller Mensch dazustehen.*

## Unbewusst vermittelte Bewertungsregeln

Hierunter fallen all die Regeln und Konzepte, die Bezugspersonen unbewusst selbst benutzen, von denen also die Bezugsperson selbst nicht weiß, dass sie nach dieser Regel oder Norm lebt, entscheidet und handelt, und die sie auch nicht gezielt weitervermitteln möchte (Stavemann et al., im Druck). Diese finden sich häufig in den alltäglichen Sprachgewohnheiten, wenn wir auf „Schwarz oder Weiß"-Bewertungen (entweder gut oder schlecht, entweder richtig oder falsch – dazwischen gibt es nichts), Schubladen-Denken, Vorurteile und Verallgemeinerungen stoßen. Diese Art, miteinander zu reden, funktioniert im Alltag schnell und unkompliziert. Bewertungen und Urteile zu einer Sache werden in einem Satz kurz und abschließend geäußert. Genau deshalb ist diese Art, über Personen, Gruppen oder Ereignisse zu reden, auch weit verbreitet: Sie erscheint viel einfacher und bequemer, als mühevoll alle verschiedenen Seiten einer Person, einer Gruppe oder eines Ereignisses einzeln zu betrachten, zu benennen, zu bewerten und zu gewichten. Stattdessen werden lieber Pauschalurteile über Menschen gefällt: die blöden Fahrradfahrer, die faulen Südländer, die zickigen Mädchen, die starken Jungs. Einzelne Verhaltensweisen oder Eigenschaften einzelner Menschen werden herangezogen, um so zu tun, als ob diese Person durch und durch so sei, um ihre Bewertung anschließend auch noch auf eine ganze Gruppe zu übertragen.

„Wer als Politiker lügt, ist ein Lügner. Alle Politiker sind Lügner."
„Jungs sind stark und mutig."
„Mädchen können keine Astronauten werden."

Beim näheren, ausführlichen Betrachten würde man dies vermutlich differenzierter bewerten, also einzelne Facetten betrachten und bewerten, Vor- und Nachteile sehen, einzelnes Verhalten nicht mit dem gesamten Menschen gleichsetzen, manches daran für gut, manches für schlecht befinden. Das kostet jedoch einige Mühe: zuerst durch genaueres Nachdenken, Abwägen, Vergleichen, Prüfen von Zusammenhängen usw. Anschließend durch ein überlegteres Sprechen, um die eigenen ausführlichen Gedanken nun auch noch für andere verständlich in Worte zu bringen. Viele haben dazu keine Lust oder sind dadurch überfordert. Aber wenn Bezugspersonen das Alles-oder-nichts-Denken vorleben, sei es aus Bequemlichkeit, alter Gewohnheit oder mangelnder Reflexionsfähigkeit, ist die Wahrscheinlichkeit groß, dass die ihnen anvertrauten Kinder es ihnen gleichtun. So ist es möglich, dass Menschen bis ins Erwachsenenalter und auch ihr gesamtes Leben an naiv-kindlichen „schwarz-weißen" Grundannahmen über die Welt und über die eigene Person festhalten und beispielsweise alles in gut und schlecht, richtig und falsch einteilen. Dies ist ein Nährboden, auf dem sich Selbstwertprobleme entwickeln können, wenn ein Kind auch über sich immer pauschal gut oder schlecht denkt.

## Lernen über Vorbilder und Gleichaltrige

Je älter die Kinder werden, desto größer wird nun der Einfluss weiterer Personen wie z. B. Verwandte, Geschwister, Gleichaltrige in Kita und Grundschule, Freunde,

Erzieher, Lehrer oder auch Vorbilder. Auch von diesen Personen kann sich ein Kind Selbstwertkonzepte abschauen. Darüber hinaus finden Kinder in Kinderbüchern, Kinderfilmen und -serien, Hörspielen und Liedern Vorbilder, denn auch hier werden Selbstwertregeln thematisiert, und es wird versucht, Kindern zu vermitteln, wann man „gut“ oder „schlecht“ ist. Oft werden in diesen Geschichten handelnde Personen mit pauschalen, verallgemeinernden, schwarz-weißen Beschreibungen charakterisiert, indem so getan wird, als seien einzelne Verhaltensweisen (die Küche fegen) gleichzusetzen mit überdauernden Persönlichkeitseigenschaften (sie fegt die Küche = also *ist* sie ein fleißiges gutes Mädchen). Dadurch lernt ein Kind, dass es Menschen gibt, die entweder nur gut oder nur schlecht sind, und dass man dies an deren Verhalten auf Anhieb erkennen könne (siehe auch Exkurs zu Geschichten für Kinder in Kap. 2.8).

## 2.3 Kinder mit ungünstigen Selbstwertkonzepten

In der Regel eignen sich Kinder – genau wie die Erwachsenen – Annahmen, Strategien oder Verhaltensweisen deshalb an, weil sie dadurch bestimmte Konsequenzen eher erreichen oder vermeiden können. Das heißt, diese Aneignungen dienen einem bestimmten Zweck und erscheinen ihnen daher erst einmal sinnvoll.

Ein Selbstwertkonzept ist dann ungünstig, wenn ein Kind verallgemeinernde Gesamturteile über sich fällt und deswegen mit unnötigen emotionalen Problemen und/oder schädlichen Verhaltensweisen reagiert.

*Max, fünf Jahre, sorgt sich ständig, etwas falsch zu machen, wenn er etwas Unbekanntes tun soll. Er fürchtet dann, sich lächerlich zu machen, dass jemand über ihn lacht oder ihn ausschimpft. Dann glaubt er, nicht gut genug zu sein, und er müsse sich furchtbar schämen. Daher hat Max sich angewöhnt, am besten nichts alleine zu machen. Vor allem seine Mutter soll immer mit dabei sein. Nur dann sorgt er sich nicht.*

Max kann mit seiner Strategie die Angst sofort reduzieren. Das erlebt er als positiv und er setzt sie deshalb immer häufiger ein. Problematisch wird es für ihn dann, wenn er mit seiner Strategie zwar etwas kurzfristig erreichen oder vermeiden kann, jedoch nicht das, was er erreichen müsste, um sich langfristig keine negativen Konsequenzen einzuhandeln.

*Nächste Woche findet in der Kita eine Übernachtungsparty mit Nachtwanderung statt. Max hätte große Lust, dabei zu sein, denn all seine Freunde sind es auch. Doch die Eltern dürfen nicht teilnehmen und allein traut er sich nicht. Schon beim Gedanken daran spürt er heftige Bauchschmerzen. Max behauptet nun zwar, dass er sowieso keine Lust auf diese blöde Übernachtungsparty habe, aber eigentlich fühlt er sich sehr traurig, weil er sich nicht traut mitzumachen.*

Die kurzfristig positiven Konsequenzen einer Denk- oder Verhaltensweise (die „Symptomgewinne") sind entscheidend dafür, dass Max diese Strategie weiter einsetzt, obwohl er sich damit langfristig negative Konsequenzen einfährt.

## Anzeichen für ungünstige Selbstwertkonzepte

Betrachten wir nachfolgend einige typische Beispiele, wie sich ungünstige Selbstwertkonzepte bei Kindern bemerkbar machen können. Grundsätzlich beschreiben wir dabei keine Typen oder gar Persönlichkeitsstile von Kindern. Wir zeigen lediglich typische Konstellationen von selbstwertbezogenen Gedanken, Gefühlen und Verhaltensweisen von Kindern auf. Kein Kind denkt, fühlt oder verhält sich *ausschließlich* so. Aber je öfter Kinder – oder später Jugendliche und Erwachsene – es tun, desto unzufriedener, emotional belasteter und psychisch unausgeglichener sind sie in der Regel.

**Verschämte Selbstabwerter.** Haben Kinder gelernt, dass sie sich schämen sollten, wenn sie etwas falsch machen, sich „dumm anstellen" oder etwas tun, worüber andere vermeintlich oder tatsächlich negativ denken, reagieren sie mit pauschalem negativen Selbstbeurteilen und dem Gefühl der Scham. Diesem Gefühl liegt stets eine momentane pauschale negative Sicht über die eigene Person zugrunde. Ein Kind, das sich schämt, hat gelernt, sich z. B. aufgrund eines bestimmten Verhaltens für insgesamt schlecht zu halten und sich abzuwerten. Es unterscheidet dann nicht mehr zwischen dem gerade gezeigten Verhalten und dem Gesamturteil über seine Person. Es berücksichtigt dabei nicht, was es sonst noch alles über sich weiß, wie es sich beispielsweise in anderen Situationen verhalten hat, was es bereits gut kann und welche Eigenheiten und Fähigkeiten es sonst besitzt.

*Die Lehrerin fragt, wie die Hauptstadt von Deutschland heißt. Ole meldet sich und antwortet „München". Da lacht Maria und ruft: „Ole kennt die Hauptstadt nicht!" Alle anderen lachen nun auch. Ole glaubt nun, dass er total doof ist, dass ihn alle für einen Blödi halten und nichts mehr mit ihm zu tun haben wollen. Das ist ihm furchtbar peinlich. Er schämt sich in Grund und Boden und errötet.*

**Lobhascher.** Haben Kinder gelernt, dass sie „toll" gefunden werden, wenn sie etwas „toll" gemacht haben und wenn sie daraus ableiten, dass sie dann auch toll *sind*, fällen sie pauschale positive Gesamturteile über sich. Statt zu denken: „Mama findet toll, was ich gemacht habe", denken sie: „Mama findet *mich* toll, also *bin* ich toll!" Sie werten sich damit pauschal auf und freuen sich über ihren Wertzuwachs. Sie werden deshalb künftig versuchen, möglichst viel Lob von anderen zu bekommen, um sich aufwerten und gut fühlen zu können. Auch die Jagd nach „Likes" in sozialen Netzwerken bei größeren Kindern und Jugendlichen ist ein Ausdruck davon.

Nachteilig ist nur, wenn sie vor lauter Lobhascherei vergessen zu prüfen, ob sie selbst mit ihrem Verhalten zufrieden sein können. Solche Kinder (und später Jugendliche und Erwachsene) verfolgen dann keine eigenen Ziele: Sie richten sich an denen anderer aus, um deren Lob zu bekommen. Wegen der ausbleibenden eigenen Erfolgserlebnisse werden sie dadurch immer unzufriedener. Außerdem wird es dann aussichtslos, nur Lob, Anerkennung und Wertschätzung zu erhalten, wenn mehrere Personen mit unterschiedlichem Geschmack beteiligt sind. Sie können es nie allen recht machen. Auf Kritik, Ablehnung oder Missachtung reagieren Kinder mit solchen Selbstwertkonzepten in der Folge mit ebenso pauschaler Selbstabwertung, übermäßiger emotionaler Belastung und im Verhalten entweder mit Rückzug oder Aggression.

*Marlen ist vier Jahre alt. Auf dem Spielplatz macht sie vorrangig das, was sie schon gut kann: schaukeln, klettern, rutschen und hüpfen. Und jedes Mal ruft sie ihrer Mutter zu: „Guck mal, Mama!" – so lange, bis diese sie lobt. Aber Marlen reicht es nicht, wenn die Mutter sagt, dass sie das toll mache. Sie möchte hören, dass die Mutter sie toll findet. Nur dann fühlt sie sich glücklich.*

*Dinge, bei denen sie unsicher ist, lässt Marlen lieber. Selbst dann, wenn sie die Dinge gern täte und neidisch anderen Kindern dabei zuschaut. Sie befürchtet, es nicht ebenso gut hinzubekommen und dafür dann nicht gelobt oder gar getadelt zu werden.*

*Luisa ist acht Jahre alt und in der dritten Klasse. Sie lächelt stets freundlich, verhält sich höflich und lernt fleißig. Benötigt die Lehrerin Unterstützung, ist Luisa die Erste, die sich meldet. Möchte sich ein anderes Kind einen Stift von ihr leihen, gibt sie ihn lächelnd. Sie meldet sich bei jeder Frage und kann es kaum erwarten, die Antwort zu geben. Häufig ruft sie nach ihrer Lehrerin, um sich zu vergewissern, dass diese das von ihr Geschriebene auch gut findet. Selbstgestaltete Hausaufgaben oder Gebasteltes zeigt sie ihr schon vor Stundenbeginn, um sich ein Lob abzuholen. Immer wenn jemand sie für ihr Verhalten oder ihre Arbeitsleistung lobt, schließt Luisa daraus, dass sie gut ist, wie sie ist, und freut sich darüber. Wenn sie im Unterricht einmal etwas nicht versteht oder nicht weiß, sorgt sie sich, dass dies jemand mitbekommen könnte. Nie würde sie nachfragen, um etwas besser zu verstehen.*

**Versagensangsthasen.** Manche Kinder haben gelernt, mögliches Versagen so schlimm zu finden, dass sie lieber gar nichts probieren. Sie glauben: „Wenn ich etwas nicht (sofort) hinkriege, heißt das, dass ich *nichts* hinbekomme und *zu allem* zu dumm bin, dass andere dann über mich lachen und mich ablehnen, dass ich damit schlechter und minderwertig bin." Schaffen diese Kinder etwas nicht, halten sie sich durch und durch für Versager und werten sich pauschal ab. Um so etwas und die damit verbundenen negativen Gefühle zu vermeiden, gehen sie daher lieber gar kein Risiko ein, zu versagen und abgelehnt zu werden. Sie handeln dann nach dem Motto: „Wer nichts wagt, kann nicht (an Wert) verlieren."

Bis zu diesem Zeitpunkt haben diese Kinder weder gelernt, dass Versagen unvermeidbar ist, wenn man sich Ziele setzt und diese verfolgt, noch dass Versagen nichts über den persönlichen Wert aussagt. Wenn man etwas nicht gleich gut kann, wird man es wohl noch üben müssen.

Bleiben diese Kinder bei ihrer Vermeidungsstrategie, werden auch sie keine eigenen Ziele verfolgen und ihre Lebenszufriedenheit nicht erreichen können. Stattdessen sinkt ihr Selbstvertrauen und sie glauben seltener daran, Aufgaben allein meistern zu können.

*Julian, fünf Jahre, verhält sich meist ruhig, fast unauffällig, wenn er außerhalb seines Zuhauses unterwegs ist. Am liebsten bleibt er dann dicht bei seinen Eltern. Wenn sie ihm vorschlagen, den Spielplatz alleine zu erkunden, behauptet er meist, dass er keine Lust habe oder nicht wisse, was er spielen solle. Wenn sie ihn bitten, sich sein*

*Eis selbst zu bestellen, reagiert er bockig und sagt, dass er kein Eis wolle. Tatsächlich aber fürchtet er sich in solchen Momenten davor, nicht genau zu wissen, wie etwas geht oder funktioniert, dass er einen Fehler machen und sich blamieren könnte. Dann würde er sich in Grund und Boden schämen und lässt es deswegen lieber gleich.*

*Wenn Julian beobachtet, wie andere Kinder solche Dinge tun, glaubt er immer häufiger, dass er weniger fähig und insgesamt schlechter ist, und traut sich noch weniger zu.*

### Exkurs: Scham

Scham ist ein sozial vermitteltes Gefühl, das heißt, wir müssen erst lernen, wofür man „sich schämen sollte". Säuglinge schämen sich nicht, wenn sie in die Windel machen. In der Regel reagieren sie unzufrieden auf diesen Umstand und tun das laut kund. Einige Jahre später sieht das oft schon anders aus – sie haben inzwischen gelernt: „Wer in dem Alter noch in die Hose macht, sollte sich schämen!"

Scham erleben Menschen meist im Rahmen eines sozialen Miteinanders. Entweder indem sie sich durch die Augen anderer sehen und ihr Verhalten nach den Normen und der Moral dieser bewerten oder indem sie bestimmte Normen und Regeln so verinnerlicht haben, dass schon das eigene Wissen um einen Normverstoß hinreicht, um sich abzuwerten und zu schämen, selbst dann, wenn es keiner mitbekommt.

Manche glauben, dass Scham ein sinnvolles, notwendiges Gefühl sei, da sie bewirke, dass Menschen sich an Regeln halten, dass das Miteinander funktioniert, dass man aufeinander Rücksicht nimmt und dass dadurch Egozentrik und Anarchie verhindert werden. Den meisten sind wohl von klein auf Sätze geläufig wie: „Dafür solltest du dich schämen!" oder nur „Schäm dich!"

Aber wozu?

**Scham als Schuld-und-Sühne-Konzept.** Die Frage nach dem Wozu dient dem Klären, was der Sinn und Zweck einer Handlung ist. Bei der Scham ist das recht deutlich: Wer sich schämt, verfolgt ein Schuld-und-Sühne-Konzept. Letzteres wiederum ist in unserer Kultur weit verbreitet. Es besagt, dass man sich von Schuld entlasten kann, wenn man dafür sühnt. Auf dieses Konzept stützt sich nicht nur unser Rechtssystem und die katholische Kirche, auch im Alltag und in der Familie stoßen wir ständig darauf: „Dafür wirst du bestraft!", das heißt, du sollst dafür sühnen oder büßen. Mit der Sühne oder Buße ist die Schuld dann abgegolten.

Scham dient insofern der Sühne, als es sich dabei um ein pauschales Abwerten der eigenen Person handelt und damit um ein – wenn auch nur vorübergehendes – Höchstmaß an Selbstbestrafung. Scham dient damit als Vehikel zum „Wieder-gut-Sein". Diesen Vorteil von Scham nennt man ihren Symptomgewinn, das, was man davon an Positivem erfährt. Wer an dieses Konzept glaubt, kann sich mithilfe von Scham der aufgeladenen Schuld, der Verantwortung für Fehlverhalten entledigen. Natürlich bin ich nun nicht plötzlich weniger verantwortlich für das, was ich getan habe, nur weil ich mir jetzt selbst vergebe oder ein anderer mir etwas verzeiht. Doch wer es glaubt, fühlt sich nach dem Schämen besser.

Beachten wir aber auch die Kosten dafür:

> Wer Scham als Sühne einsetzt, um sich im Rahmen eines Schuld-und-Sühne-Konzepts von Schuld zu entlasten, hat wegen der damit verbundenen pauschalen Selbstabwertung bereits den ersten Schritt zu einem Selbstwertproblem getan.

So auch bei den „verschämten Selbstabwertern": Jemand, der sich schämt, hat zuvor ein negatives Gesamturteil über seine Person gefällt, sich also pauschal negativ beurteilt und abgewertet. Hier sollten wir prüfen:

- Ist es sinnvoll, von einem Verhalten auf die gesamte Person zu schließen?
- *Bin* ich durch und durch schlecht, weil ich in Englisch eine Fünf geschrieben habe?

Und vor allem:

- Hilft mir die Scham dabei, das nächste Mal keine Fünf zu schreiben? Oder sollte ich besser mehr üben?

Die meisten werden bereits jetzt zustimmen, dass es nicht sinnvoll ist, aufgrund einer Verhaltensweise oder einer Eigenschaft ein Gesamturteil über eine Person zu fällen. Die anderen werden noch etwas warten müssen, denn die Gründe hierfür beleuchten wir im Kapitel 2.7 noch genauer.

Und die meisten werden auch schon aus eigener Erfahrung wissen, dass Scham nicht notwendig ist, um ein bestimmtes Verhalten zu zeigen. Weder hilft sie dabei, bessere Leistungen zu zeigen – dafür nützt allenfalls mehr Training –, noch ist sie nötig, um sich an Regeln zu halten. Den eigenen Einsatz kann ein Kind, Jugendlicher oder Erwachsener auch aufgrund der Konsequenzen seines Verhaltens entscheiden, wenn er diese vorher betrachtet und deren Vor- und Nachteile abwägt.

### Konsequenzen ungünstiger Selbstwertkonzepte

Wir stellten bereits fest, dass Menschen mit ungünstigen Selbstwertkonzepten meist früher als später unter Selbstwertproblemen leiden. Sie schämen sich häufig und intensiv und sind in vielen Bereichen ihres Lebens massiv eingeschränkt. Denn aus Angst davor, sich für etwas schämen zu müssen, trauen sich manche Kinder kaum mehr, ihr gewohntes Umfeld zu verlassen. Am liebsten spielen sie zu Hause oder gemeinsam mit den Eltern. Auf unbekannte Situationen reagieren sie mit Angst, verhalten sich scheu, probieren nichts Neues aus oder gehen nicht auf andere Kinder zu. Manche sind nicht in der Lage, getrennt von ihren Bezugspersonen einen Kindergarten aufzusuchen. Im Schulalter kann dies im schlimmsten Fall dazu führen, dass sie sich weigern, in die Schule zu gehen. Sie befürchten, dort auf Situationen zu treffen, die sie nicht bewältigen können, und dann dafür ausgelacht, abgelehnt oder abgewertet zu werden. Sie würden sich dann selbst für wertlos halten und sich schämen.

Auch Freundschaften einzugehen, finden sie schwer, da sie ständig befürchten, abgelehnt zu werden. Sie würden sich dann wieder für nicht liebenswert, schlecht oder wertlos halten. Auf Kritik reagieren sie sehr empfindlich oder sie deuten es als Ablehnung, wenn gerade keiner Zeit für sie hat.

Die Konsequenzen eines Selbstwertproblems können also schon im Kindesalter sehr massiv sein, sich in allen Lebensbereichen auswirken und die Entwicklung des Kindes hemmen.

## 2.4 Ungünstige Selbstwertkonzepte unter der Lupe

Bei den verschämten „Selbstabwertern“, den „Lobhaschern“ und „Versagensangsthasen“ sahen wir beispielhaft, wie Kinder in typischen Lebenssituationen mit unangemessenen Konzepten, Verallgemeinerungen und Schlussfolgerungen reagieren:

- Wer von jemandem abgelehnt wird, wird von *allen* nicht gemocht.
- Wer eine Sache falsch macht, kann *nichts* und *ist* ein Versager.

Dies ist, wie bereits beschrieben, in gewissem Umfang auch schon bei kleinen Kindern aufgrund ihrer noch unausgereiften geistigen Fähigkeiten zu erwarten. Denkt ein Kind jedoch häufig so, leitet es daraus irgendwann eine innere Regel ab. Diese beinhaltet die Annahmen, von denen das Kind überzeugt ist und nach denen es denkt, fühlt und handelt. So verinnerlichen wir auch ungünstige Selbstwertkonzepte, die irgendwann so gut „verankert" sind, dass sie uns aus dem Unbewussten steuern. Wir wissen dann gar nicht mehr, weshalb wir uns so fühlen oder reagieren.

Ungünstige Selbstwertkonzepte erkennt man daran, dass

- ein Kind von *einem* Verhalten auf die *gesamte* Person schließt und sich daraufhin in Grund und Boden schämt (z. B.: „Ich habe in die Hose gemacht und alle finden das eklig von mir. Ich finde *mich* auch durch und durch eklig. Das finde ich so peinlich!")
- ein Kind von einem Merkmal oder einer Eigenheit auf die gesamte Person schließt und mit Scham oder Trauer wegen des vermeintlichen Wertverlustes reagiert (z. B.: „Ich bin der Kleinste in der Gruppe. Nur die Großen und Starken werden gemocht und sind toll. Ich bin nicht toll. Das finde ich furchtbar/peinlich!")
- ein Kind glaubt, nur gut zu sein, wenn andere es (vermeintlich oder tatsächlich) gut finden, und dann mit Trauer, Niedergeschlagenheit oder Scham über den vermeintlichen Wertverlust reagiert, wenn es glaubt, nicht gemocht zu werden (z. B.: „Meine Mama lobt meinen Bruder, weil er den Löffel wieder aufgehoben hat. Das hat sie bei mir nicht gemacht. Sie hat ihn lieber als mich. Ich bin nicht liebenswert. Das finde ich so furchtbar!").

Annahmen über sich selbst können aber auch dann ungünstig sein, wenn sie zunächst noch nicht zu negativen Konsequenzen führen (z. B. zu den oben genannten negativen Gefühlen):

- Wenn ein Kind von einem Verhalten auf seine gesamte Person schließt und mit Freude über vermeintlichen Wertzuwachs reagiert (z. B.: „Ich habe mir die Schnürsenkel alleine zugebunden. Ich bin total toll!").
- Wenn ein Kind von einem Merkmal oder einer Eigenheit auf seine gesamte Person schließt und mit Freude über vermeintlichen Wertzuwachs reagiert (z. B.: „Ich bin größer als Mike, also bin ich auch stärker und besser. Ich bin insgesamt viel toller!").
- Wenn ein Kind glaubt, nur gut zu sein, wenn es auch von anderen gut gefunden wird und mit Freude über vermeintlichen Wertzuwachs reagiert (z. B.: „Mein Papa sagt, dass ich so niedlich aussehe und so süß bin. Er findet mich total gut. Also bin ich auch total niedlich, süß und gut!" oder „Maria mag mich. Dass ich von ihr gemocht werde, heißt, dass ich toll bin, wie ich bin. Ich bin also toll.")

## „Ja, aber ... sollen sich Kinder jetzt schon nicht mehr freuen dürfen?"

Doch! Kinder dürfen und sollen sich freuen können. Zum Beispiel kann ein Kind sich darüber freuen, dass es nach langem Üben etwas geschafft hat. Seine Mühe hat sich ausgezahlt, es hat sein Ziel erreicht. Oder darüber, dass das Nachbarskind mit ihm spielen möchte, da es das Kind mag und es ihm immer Spaß macht, mit diesem zu spielen. Oder darüber, dass es, weil es besser als die meisten seiner Freunde Fußballspielen kann und nun in den Ferien bei seinem Lieblingsverein trainieren darf. Es gibt viele gute Gründe, sich zu freuen.

Hält sich das Kind aber aufgrund der erreichten Schulnote, des Gemochtwerdens oder seiner Fußballfähigkeiten für insgesamt besser und wertvoller oder freut es sich deswegen über einen Wertzuwachs, offenbart es ein ungünstiges Selbstwertkonzept. Es leidet zwar nicht in dieser Situation darunter, aber so eine Denkweise kann – eher früher als später – dadurch zu emotionalem und psychischem Leid führen, wie in obigen Beispielen deutlich wurde.

## „Ja, aber ... loben sollen wir Kinder auch nicht?"

Auch das Loben ist generell kein Problem. Problematisch kann allerdings die Art und Weise sein, wie und wofür Kinder gelobt werden und wenn sie dadurch ihren Wert bestimmen. Bei den oben zuerst geschilderten Beispielen ging es um das Pauschalisieren von ungünstigen Annahmen zur eigenen Person. Hier wird schnell deutlich, dass sich Kinder (und auch Erwachsene) dadurch, wie sie über sich denken, unnötige negative Gefühle verschaffen: Schließt jemand von einem unerwünschten Verhalten oder einem Merkmal auf sich als gesamte Person, ist dieser Rückschluss nicht nur unsinnig und unlogisch, sondern auch unnötig psychisch belastend. Wer in einer Leistung versagt, ist deswegen kein totaler, wertloser Versager. Wer einen eitrigen Pickel auf der Nase hat, ist nicht durch und durch eklig.

Ebenso ist es unsinnig und oft schädlich für das eigene Wohlbefinden, wenn jemand von der Meinung anderer, ihrer fehlenden Zuneigung oder Anerkennung auf sich selbst und seinen Wert schließt. Die schädlichen Auswirkungen des Mottos „Nur wer (von allen) gemocht und/oder anerkannt und/oder gelobt wird, ist gut und wertvoll" haben wir ja bereits betrachtet. Aber auch das pauschale positive Bewerten in den obigen drei letzten Beispielen ist aus denselben Gründen unsinnig und unlogisch. Es führt zwar momentan nicht zu einer psychischen Belastung – im Gegenteil: Die pauschale Selbstaufwertung wird positiv empfunden. Gefährlich daran ist jedoch das angewandte Denkmuster: das pauschale Betrachten und Bewerten der eigenen Person. Bei jemandem, der so denkt, ist es nur eine Frage der Zeit, bis das Pendel auf die andere Seite schwingt und das Kind statt pauschaler Selbstaufwertung eine pauschale Abwertung vornimmt. Pauschales Loben des Kindes kann dazu beitragen, dass es ein solches Konzept entwickelt.

*Üben Sie daher, gezielt zu loben und zu tadeln:*
„Ich finde das toll, wie viel Mühe du dir mit dem Bild gemacht hast."
„Ich mag nicht, dass du jetzt so laut schreist."

*Bewerten Sie nicht pauschal, sondern differenziert:*
„Dass du das andere Kind gehauen hast, finde ich überhaupt nicht gut!" statt „So verhält sich aber kein liebes Kind!"
„Prima, wie du dein Zimmer aufgeräumt hast!" statt „Du bist so artig!"

Weiterführende Beispiele und Hinweise führen wir in Kapitel 2.8 auf.

### „Ja, aber … jeder will doch gemocht werden! Soll mir das jetzt egal sein?"

Selbstverständlich nicht. Es kommt allerdings darauf an, welches Gewicht man dem Gemochtwerden oder einer Ablehnung gibt. Zudem kommt es auch darauf an, in welcher Beziehung man zu jemandem steht, welche Bedeutung die Person für einen hat und welche Konsequenzen mit dessen Zuneigung oder Abneigung verbunden sind:

- Sollte mich jemand nicht mögen, den ich gern zum Freund hätte, fände ich das sehr schade und ich fühlte mich enttäuscht oder traurig.
- Werde ich von einer mir wichtigen Person gemocht, freue ich mich.

Es gäbe allerdings keinen sinnvollen Grund, von erfahrener Zu- oder Abneigung Rückschlüsse auf die eigene Person zu ziehen, denn beides sagt ja lediglich etwas über den Geschmack eines anderen aus. Schon gar nicht sollte man daraus einen

Zusammenhang zum eigenen Wert herstellen nach dem Motto: „Wenn ich vom dem nicht gemocht werde, muss ich ja wohl nicht in Ordnung sein“ oder „Weil die mich sympathisch findet, bin ich ein toller Typ“.

Wer sich für toll hält, wenn andere ihn mögen, wird sich zwangsläufig auch für schlecht halten, wenn er auf Ablehnung stößt, denn hier wirkt in beiden Fällen dasselbe Denkmuster: das unsinnige Wertzuschreiben, das von einer Zuneigung oder Ablehnung abgeleitet wird. Es sind zwei Seiten derselben Medaille. Ich kann nicht das eine ohne das andere glauben. Mache ich meinen Wert von der Bewertung durch andere abhängig, gilt das im Guten wie im Schlechten.

Einem unsinnigen Verknüpfen zwischen Gemochtwerden und dem eigenen Wert sollten Erziehende daher frühzeitig entgegenwirken.

*Es spielen zwei Kinder zusammen, ein drittes Kind kommt dazu und die beiden erklären ihm, dass sie nicht mit ihm spielen wollen und es weggehen soll.*

*Sollte das dritte Kind sich jetzt für schlecht halten, weil es abgelehnt wird? Günstig wäre folgende Reaktion der erziehenden Person: „Ich verstehe, dass du gern mitgespielt hättest und darüber jetzt traurig bist. Die beiden haben leider gerade etwas anderes vor und möchten das lieber zu zweit machen. So ist das eben manchmal, dass nicht alle dasselbe wollen und gut finden. Da hat jeder einen anderen Geschmack. Auch du magst ja nicht alle Dinge oder alle Menschen gleich gern, oder? Und auch du kannst nicht immer dem Geschmack aller anderen entsprechen. Die beiden haben jetzt gerade einen anderen Geschmack. Das findest du bestimmt schade, aber das kannst du leider nicht ändern. Wollen wir jetzt überlegen, was wir beide spielen?“*

## 2.5 Merkmale von ungünstigen Selbstwertkonzepten

Aus den bisherigen Erläuterungen und Beispielen wird deutlich, dass sich ungünstige Selbstwertkonzepte durch folgende Merkmale auszeichnen:

(1) Sie basieren auf ungünstigen Denkmustern.
(2) Es werden unnötig und unlogisch Begriffe miteinander verknüpft.
(3) Es werden pauschale Urteile über eine Person gefällt.

(4) Die pauschalen Werturteile verursachen unnötig negative Gefühle.
(5) Die pauschalen Werturteile führen zu ungünstigem Verhalten.

**Typische ungünstige Denkmuster bei Kindern.** Ungünstigen Selbstwertkonzepten bei Kindern liegen oft folgende Denkfehler zugrunde:

| **Denkfehler** | **Strategie** |
|---|---|
| Schwarz-Weiß-Malen | Unterteile nur in gut und schlecht/wertvoll und wertlos: „Mutige Jungs sind gut. – Wer sich nicht immer mutig verhält, ist wertlos.", „Hübsche Mädchen sind gut. – Wer nicht immer hübsch gefunden wird, ist wertlos." |
| Alles-oder-nichts-Denken | Beachte nicht, dass Menschen Merkmale und Eigenschaften in unterschiedlicher Ausprägung aufweisen, und schließe von einem Hinweis auf das Ganze: „Wer einmal lügt, ist ein Lügner.", „Lisa will nicht mit mir spielen, keiner will mit mir spielen.", „Pepe hat etwas über Elefanten erzählt. Er kennt sich total mit Tieren aus." |
| Menschenwert bestimmen | Schließe von einem Verhalten oder Merkmal auf den Wert einer Person: „Wer coole Klamotten trägt und bewundert wird, taugt auch was/ist viel wert." |
| Meinungen als Tatsachen verkaufen und Tatsachen verdrehen | Gib Meinungen als Tatsachen aus: „Du *bist* hässlich!" statt: „Ich mag deinen Haarschnitt nicht." und verdrehe Tatsachen so, dass sie in dein Weltbild passen, d. h., schaffe dir „alternative Fakten". |
| Um Punkte kämpfen | Knüpfe deinen Wert daran, ob du Punkte verlierst oder gewinnst. Dabei ist ein verlorener Punkt gleichzusetzen mit: im Unrecht zu sein, Fehler nachgewiesen zu bekommen, Schwächen zu zeigen oder abhängig zu sein. Streite um Punkte! „Was ich sage, ist richtig! Ich habe Recht! Du musst mir Recht geben! Ich weiß besser Bescheid als du! Damit tauge ich mehr als du, denn wer Recht hat, ist auf der richtigen Seite und damit mehr wert." |

| | |
|---|---|
| Applaussucht | Suche ständig nach Anerkennung und Lob, denn du bist mehr wert, wenn du gelobt wirst: „Schaut alle her, wie toll ich das gemacht habe! Bewundert mich! Anerkennt und lobt und wertschätzt mich! Je mehr mich toll finden, so, wie ich bin, oder in dem, was ich tue, desto besser und wertvoller bin ich!" |

**Typische ungünstige Denkmuster bei älteren Kindern und Jugendlichen.** Abhängig vom Entwicklungsstand der Kinder kommen im Verlauf weitere ungünstige Denkstile hinzu:

| **Denkfehler** | **Strategie** |
|---|---|
| Katastrophendenken | Gehe immer vom Schlimmsten aus: „Wenn ich in die neue Klasse komme, wird das bestimmt ganz furchtbar!" |
| Versicherungsdenken | Gehe vorsichtshalber davon aus, dass es ganz schlecht kommt, und versuche so, dich gegen Enttäuschung zu schützen: „In der letzten Mathearbeit habe ich garantiert eine Fünf geschrieben." |
| Muss-sollte-darf-nicht-Denken | Fordere Dinge, die unrealistisch sind und die nicht in deiner Macht liegen: „Ich muss eine Eins in der Prüfung schaffen!", „Ich darf keine Fehler machen!", „Ich muss bei allen beliebt sein!" |
| Verrenkungsdeuten | Deute und interpretiere Informationen, statt nachzufragen, und nimm Dinge persönlich: „Max meinte, er könne heute Nachmittag nicht mit mir zum Fußball, weil er zum Zahnarzt müsse. Der hat bestimmt nur keine Lust mit mir zu spielen. Wahrscheinlich bin ich zu langweilig. Bestimmt denken die anderen auch alle so. Keiner mag mich." |
| Selbstschutzdenken | Verbirg deine (vermeintlichen) Schwächen, gib dich selbstsicher und lass keinen auf die Idee kommen, dass man es mit dir „machen könne". Tue cool und lässig, verhalte dich freundlich, aber distanziert, wenn es sein muss, verteidige |

| | |
|---|---|
| | dich: „Lass bloß niemanden erkennen, welche Schwächen du hast. Tarne dich. Sei immer cool und freundlich, dann kann dir keiner was.“ |
| Verantwortungsloses Untertanendenken | Vermeide es, dich klar zu entscheiden oder Stellung zu beziehen, denn es könnte sich im Nachhinein als falsch herausstellen und man könnte dich zur Verantwortung ziehen. Benutze lieber Worte wie „vielleicht; mal sehen; eventuell; ja, aber …“. Suche dir Personen, denen du dich unterordnen kannst und die dann für dich entscheiden: „Ach, ich bin mir auch nicht ganz sicher, was wir machen sollten. Was meinst du denn?“ |
| Erwachsenes-Küken-Denken | Dies ist vor allem bei weiblichen Jugendlichen und später bei Frauen zu beobachten. Statt eine altersangemessene Rolle einzunehmen, versuchen sie, diese zu vermeiden, indem sie ein Kindchen-Schema übernehmen: Verhalte dich wie ein kleines, süßes Mädchen, dann werden andere dir helfen und auch nicht die Erwartungen an dich stellen, die sonst an Mädchen und Frauen deines Alters gestellt werden. |

## 2.6 Die Rolle der Eltern und Erziehenden

Eltern und Erziehende können ihre Kinder dabei unterstützen, günstiges Denken und Selbstbewerten zu lernen. Vor allem Kleinkinder neigen zu einem Alles-oder-nichts-Denken. Sie können noch nicht vergleichen, abwägen, relativieren oder differenzieren. Sie denken nicht abstrakt und auch noch nicht über sich selbst nach. Sie erleben sich im Handeln und beurteilen, was sie konkret sehen, erleben, spüren. Dadurch wird es wahrscheinlicher, dass sie ohne gezieltes Unterstützen zu ungünstigen Selbstbewertungen neigen:

| **Was das Kind wahrnimmt:** | **Was das Kind im ungünstigen Fall daraus schlussfolgert:** |
|---|---|
| Lob oder Tadel | Was jemand tut, ist gut oder schlecht.<br>Es gibt ein absolutes Richtig und Falsch. |

| | |
|---|---|
| Ich bin, was ich tue. | Ist es gut, was ich tue, bin ich auch gut. |
| Ich bin so, wie die anderen zu mir sind. | Werde ich gemocht, gelobt, anerkannt, bin ich liebenswert und gut.<br>Werde ich abgelehnt, bin ich nicht okay. |

Solche Schlussfolgerungen sind aufgrund der noch nicht fertigen körperlichen und geistigen Entwicklung von Kindern in den ersten Lebensjahren gewissermaßen natürlich und zu erwarten. Erziehende können jedoch von Beginn an modellhaft oder durch direktes Erläutern darauf korrigierend Einfluss nehmen.

Ähnlich wie es für eine gesunde Sprachentwicklung förderlich ist, nicht mit dem Kind in der Babysprache zu verharren, sondern als Modell für eine korrekte Sprechweise zu dienen, können die Erziehenden auch hier von Anfang an hilfreiches Denken und Selbstbewerten ausdrücken und dies altersangepasst begründen (Beispiele hierfür sind in Kap. 2.8 aufgelistet).

Unabhängig davon, ob das Kind schon jetzt vollends *begreift und versteht*, weshalb es unsinnig ist, von einem Verhalten auf sich als Ganzes zu schließen, kann es bei den Erziehenden abschauen, nachmachen und nachsprechen, dass es beispielsweise nicht schlecht *ist*, nur weil es etwas getan hat, was jemand schlecht *findet*. Dies betrachten wir im folgenden Abschnitt nun genauer.

## 2.7 Was ist ein gesundes Selbstbild?

Von einem gesunden Selbstbild spricht man, wenn jemand ein möglichst breit gefächertes, differenziertes Bild von den eigenen Eigenschaften, Eigenheiten und Fähigkeiten besitzt. Darin sind sowohl die Aspekte enthalten, die man gut von sich findet, als auch diejenigen, die man an sich nicht mag. Wesentlich ist dabei, daraus keinen „Gesamtwert" zu bestimmen oder sich wegen einzelner Kriterien pauschal auf- oder abzuwerten.

### Woran erkennt man ein gesundes Selbstbild?

Wenn wir Kinder im Alltag beobachten, gibt es etliche Hinweise darauf, ob sie bereits ein günstiges Selbstbild gelernt haben. Dies ist besonders dann zu vermuten,

- wenn das Kind einen Fehler begeht, ohne sich dafür völlig herunterzuputzen
- wenn es beim Wettlauf fällt, ohne sich dafür in Grund und Boden zu schämen
- wenn es sich ohne Scham für Fehler entschuldigen kann

- wenn es sich bei den Schulaufgaben bemüht, ohne sich vor Wertverlust bei Versagen zu fürchten
- wenn es etwas Neues ohne Angst vor Blamage ausprobiert
- wenn es sich nicht schämt, falls es etwas noch nicht so gut kann wie andere
- wenn es Ablehnung durch andere tolerieren kann, ohne sich deshalb für nicht liebenswert zu halten.

Günstige Annahmen bestehen in Gedanken, Überzeugungen und Bewertungen, mit denen ein Kind in der Lage ist, altersangemessene Herausforderungen anzupacken, Freundschaften einzugehen, Neues auszuprobieren und zu lernen, Misserfolge oder Ablehnung zu tolerieren – kurzum: einen kindlichen Alltag ohne unnötig starke Gefühlsturbulenzen zu erleben. Damit ist nicht die Abwesenheit von Gefühlen oder eine roboterhafte Gleichgültigkeit gemeint, sondern ein Umgehen mit alltäglichen Situationen, durch das ein Kind in der Lage ist, je nach Situation mit angemessenen positiven, negativen oder neutralen Gefühlen zu reagieren und sich zielführend zu verhalten.

Bei Jugendlichen und Erwachsenen ist dies erkennbar, wenn sie ihr Leben nach eigenem Geschmack führen können, ohne dabei in unnötig starke Gefühlsturbulenzen zu geraten. Hier treffen wir bei Kindern und später bei Erwachsenen auf typische Themen und Inhalte, die sich, je nachdem wie jemand damit umgeht, zu günstigen oder ungünstigen Überzeugungen oder verinnerlichten Konzepten entwickeln können.

Betrachten wir diese, im vorherigen Abschnitt aufgeführten Überzeugungen nachfolgend genauer.

**„Richtig“ und „falsch“, „gut“ und „schlecht“.** Menschen sind (wie in Kap. 3.3.1 unter Punkt 3 noch vertiefend ausgeführt wird) aus unterschiedlichen Gründen nicht in der Lage, Wahrheit oder Realität objektiv wahrzunehmen. Daher können sie auch kein absolutes Richtig und Falsch, Gut oder Schlecht erkennen, sondern allenfalls ein bedingtes, relatives Richtig und Falsch. Diese relative Wahrheit oder Richtigkeit wird gemessen am eigenen Geschmack, der eigenen Moral und den eigenen Lebenszielen. Hierzu einige Beispiele:

*Pepes Eltern verzichten auf Fleisch in ihrer Ernährung, da sie es für gesünder halten. Pepe hat daher gelernt, Fleisch zu essen für falsch und darauf zu verzichten für richtig zu halten.*

*Miriams Eltern sagen immer: „Wenn man etwas will, muss man dafür kämpfen." Miriam findet es daher richtig, mit aller Kraft für ihre Wünsche zu kämpfen und sich anderen gegenüber durchzusetzen.*

*Seine Eltern haben Julius beigebracht, auf andere Rücksicht zu nehmen. Mit seinen Geschwistern muss er immer teilen. Er findet es richtig, sich zurückzuhalten. Sich vorzudrängeln, selbst wenn er etwas sehr möchte, käme für ihn nicht infrage, da er es für falsch hält.*

*Max' Eltern nutzen viele technische Geräte. Auch Max hat mit sechs Jahren sein erstes Handy bekommen. Natürlich findet er es nur richtig, dass er sein Handy* überall *nutzen darf.*

Aus denselben Gründen können wir auch kein absolut richtiges oder falsches Verhalten erkennen. Es gibt nur Verhalten. Der eine findet es so, der andere so. Ob es „richtig" ist, lässt sich nur am jeweiligen Ziel desjenigen messen, der es ausführt.

*Max überquert die Straße und findet ein Portemonnaie mit einem Hunderteuroschein darin. Er gibt ihn bei der nächsten Polizeidienststelle ab. Max weiß, dass das Geld irgendjemandem gehört, dem es nun sicher fehlt. Er findet es richtig, es demjenigen zurückzugeben.*

*Pepe überquert die Straße und findet ein Portemonnaie mit einem Hunderteuroschein darin. Er nimmt den Schein heraus und wirft das Portemonnaie weg. Pepes Eltern streiten sich tagein, tagaus über Geld, denn es reicht hinten und vorne nicht. Er findet es richtig, das Geld seinen Eltern zu geben, damit sie heute nicht streiten.*

Dass Verhaltensregeln nicht überall als richtig empfunden werden, zeigt sich auch darin, dass diese Regel in einer Familie gilt, in der nächsten eine andere und eine dritte Regel gilt im Kindergarten.

*In Luisas Familie gilt die Regel, dass zum Frühstück und Abendbrot alle Familienmitglieder am Tisch zusammensitzen und essen. Und auch wenn jemand etwas nicht mag, soll er es wenigstens probieren. Anschließend reinigen die Eltern das Geschirr und räumen alles auf.*

*Bei Luisas Freundin Mimi gibt es kein richtiges Frühstück. Die Mutter trinkt nur einen Kaffee, die Kinder essen meist ein paar Kekse auf dem Weg in die Kita. Abendbrot gibt es oft auf dem Sofa vor dem Fernseher.*

*Im Kindergarten hingegen gilt die Regel, dass die Kinder selbst entscheiden dürfen, wann sie essen gehen. Auch dürfen sie sich das auf den Teller tun, was sie essen möchten. Wenn sie fertig sind, müssen sie selbst ihr Geschirr wegstellen und ihren Platz sauber machen.*

Kindern sollte vermittelt werden, dass

- es kein für alle und zu allen Zeiten geltendes Richtig und Falsch gibt
- es jeder für sich selbst entscheiden darf und muss, was richtig für ihn ist
- richtig und falsch nur daran gemessen werden können, welches Ziel man gerade verfolgt und nach welchen Normen und welcher Moral man lebt
- was heute richtig erscheint, morgen falsch gefunden werden kann
- sich auch Mehrheitsmeinungen darüber ändern, was richtig und falsch ist
- man kein sinnvolles Pauschalurteil über eine Person fällen kann (ein guter oder schlechter Mensch), schon gar nicht aufgrund eines Verhaltens, das sie gerade zeigt.

**Ich bin nicht mein Verhalten.** Nur deswegen, weil ich etwas in einem Moment tue, kann ich daraus weder positiv noch negativ auf meine gesamte Person sinnvoll schlussfolgern. Nur weil ich mich gerade versprochen habe, gestolpert bin oder gepupst habe, lässt das keinen sinnvollen Rückschluss auf mich als Ganzes zu. Ich bin nicht mein Versprechen, mein Stolpern oder mein Pupsen. Ich bin viel mehr als nur ein Verhalten, das ich zeige.

**Ich bin nicht meine Leistung.** Auch davon, ob ich ein gestecktes Ziel erreiche oder nicht, kann ich nicht sinnvoll auf mich als Ganzes schließen. Ich bin viel mehr als die Leistung, die ich erbracht habe oder nicht.

**Ich bin nicht mein Merkmal.** Nur weil ich große Füße oder rote Haare habe, im Rollstuhl sitze oder die Größte in der Klasse bin: Daraus lässt sich nicht sinnvoll positiv oder negativ auf meine Gesamtperson schließen. Ich bin viel mehr als meine Eigenschaft.

**Ich bin nicht das, wofür andere mich halten.** Ich bin nicht das, was jemand oder mehrere andere über mich glauben. Findet mich jemand doof, blöd, hässlich oder langweilig, sagt das erst einmal nur etwas über dessen Geschmack und dessen Meinung aus. Da jeder eine andere Meinung und einen anderen Geschmack haben kann und es so viele unterschiedliche Geschmäcker gibt, kann ich nicht sinnvoll von einer Ansicht oder wenigen Meinungen auf meinen Wert schließen.

Mich – und auch jeden anderen Menschen – machen so viele Merkmale, Eigenschaften und Fähigkeiten aus, dass es absolut unsinnig und unlogisch ist, von einem oder mehreren beliebig davon herausgegriffenen Punkten auf den Wert einer Person zu schließen. Das führt meist zu unnötigen psychischen und Verhaltensproblemen.

### „Ja, aber ... darf ich jetzt meinen Kindern nicht mehr sagen, was richtig und was falsch ist?"

Erziehende dürfen und sollen den Kindern vermitteln, was sie für richtig und was sie für falsch halten, und dies idealerweise altersangepasst begründen. Sie können dabei herausstellen, dass sie das zwar so sehen und aus bestimmten Gründen für richtig oder falsch halten, dass andere Menschen dies aber anders sehen, sich deshalb anders entscheiden und anders verhalten. Gibt es im Verständnis des Kindes kein absolutes Richtig und Falsch, Gut und Schlecht, erhöht sich die Wahrscheinlichkeit, dass das Kind keine personenbezogenen pauschalen Urteile fällt oder seinen Wert von gezeigtem Verhalten abhängig macht.

**Fazit**

Kinder sollten schrittweise lernen und verstehen, dass sie mehr sind als das Verhalten, das sie gerade zeigen, oder das Merkmal (die Eigenheit), das gerade von ihnen sichtbar ist. Ob sie jemand mag oder nicht, ob jemand etwas an ihnen schätzt oder nicht, sagt nur etwas über dessen Geschmack aus, jedoch nichts über das Kind selbst, seine Güte oder seinen Wert.

Erziehende sollten ihnen erklären, dass

- jeder Mensch sehr viele unterschiedliche Merkmale und Eigenheiten besitzt
- jeder Mensch anders ist und keiner dem anderen komplett gleicht
- jeder unterschiedliche Fähigkeiten besitzt oder schon erlernt hat
- man sich zwar mit anderen vergleichen kann, aber nicht sinnvoll daraus ableiten kann, wer „insgesamt besser" ist
- Menschen einen unterschiedlichen Geschmack haben und jeder etwas anderes gut findet
- es somit auch sein kann, dass man selbst einmal nicht nach dem Geschmack des anderen ist
- Ablehnung nur eine Aussage über den Geschmack der anderen zulässt und nichts über die Wahrheit oder den Wert der beurteilten Person aussagt.

Bei einem fünfjährigen Kind könnte ein gesundes Selbstbild beispielhaft so lauten:

*„Ich bin fünf Jahre alt und gehe in die Kita. Ich mag meine Erzieherin. Manchmal schimpfen die Erzieher mit mir. Meine Freunde sind Max, Paul und Lisa. Aber Lisa finde ich manchmal doof. Ich streite auch mit meinen Freunden. Aber Papa hat gesagt, dass wir trotzdem noch Freunde sind. Ich kann schon gut Fahrrad fahren. Mit Messer und Gabel essen kann ich noch nicht so gut. Das muss ich noch üben. Max läuft immer schneller als ich, das finde ich doof. Aber ich bin der Ältere. Ich mag es, wenn man mir vorliest. Und wenn ich fernsehen darf. Beim Klettern traue ich mich oft nicht, aber Balancieren kann ich schon ziemlich gut."*

Bei einem zehnjährigen Kind können wir bereits mehr Differenzierungen und eigene Bewertungen zu den einzelnen Aspekten finden:

*„Ich gehe schon in die vierte Klasse. Meine besten Freunde sind Mia und Ben. Marlen und Pepe mag ich aber auch. Schule finde ich manchmal anstrengend. Dann würde ich lieber spielen. Mathe und Sport kann ich ziemlich gut. Musik finde ich blöd und Deutsch finde ich manchmal langweilig. Ich kann schon richtig gut schwimmen. Ich bin der Kleinste in der Klasse und beim Rennen bin ich oft der Letzte. Das finde ich doof. Ole lacht dann über mich und sagt, dass ich eine lahme Ente bin. Aber Papa hat*

*gesagt, dass nicht jeder alles gleich gut kann und ich mich nicht ärgern soll. Mathe kann ich besser als Ole. Ich passe manchmal auf meine kleine Schwester auf, wenn Mama mich fragt. Die muss dann auf mich hören. Das finde ich super. Meinen Eltern muss ich zu Hause helfen. Das finde ich zwar manchmal nervig, aber ich kann schon richtig gut staubsaugen. Sogar die Waschmaschine kann ich schon alleine anmachen."*

## 2.8 Wie vermittelt man ein gesundes Selbstbild?

**(1) Durch Sprache.** Kinder lernen aus der Art und Weise, wie ihre Bezugspersonen über Dinge sprechen. Die Erziehenden können günstige Sichtweisen und Annahmen in einer kindgerechten Sprache vermitteln. Erst einmal erscheint es logisch, dass wir so über Dinge sprechen, wie wir zuvor über sie gedacht haben. Denke ich über eine Aufgabe, dass ich alles kann, um sie zu lösen, werde ich dies auch eher so kundtun.

Umgekehrt nehmen wir aber über unsere Sprache auch Einfluss auf unser Denken. Sage ich mir laut „Das schaffe ich!", erhöhe ich die Wahrscheinlichkeit, es auch zu glauben und mich entsprechend zielführend zu verhalten. Selbst wenn kleine Kinder bestimmte Äußerungen zunächst nur nachplappern, ohne sie gänzlich zu erfassen, verankern sie auf diese Weise günstige Ideen oder Teilkonzepte, die sie womöglich erst im Verlauf der nächsten Jahre zu einem günstigen Gesamtkonzept zusammensetzen können.

| **Strategie** | **Günstig** | **Ungünstig** |
|---|---|---|
| Verhaltens-bezogenes Loben | Das hast du toll *gemacht*. | Du *bist* echt klasse!<br>Du *bist* die Schlaueste!<br>Du *bist* so clever!<br>Du *bist* so vernünftig!<br>Du *bist* so süß! |
| Lob als Ausdruck eigenen Geschmacks kennzeichnen | Das gefällt *mir* gut! | Das *ist* ja toll! |

| | | |
|---|---|---|
| Anstrengungsbezogen statt ergebnisbezogen loben | Ich finde das toll, wie viel Mühe du dir da gegeben hast! | Was für ein schönes Bild! |
| Relatives Richtig und Falsch betonen | Es gibt Verhalten, das finden manche gut und manche schlecht.<br>Es gibt Regeln, an die sich manche halten und andere nicht. Das muss jeder für sich entscheiden und dann die Konsequenzen daraus ertragen.<br>Für mich/uns gilt diese Regel: ... | Das macht man so!<br>Das ist so!<br>Das gehört sich so!<br>Das ist falsch!<br>Das ist richtig! |
| Meinungen als solche kennzeichnen | Ich finde das blöd!<br>Dein Verhalten gefällt mir nicht!<br>Ich finde nicht gut, wie er das macht!<br>Mir gefällt das richtig gut! | Das ist blöd!<br>Dein Verhalten ist schlecht!<br>Der spinnt wohl, das kann man doch so nicht machen!<br>Das ist ja super! |
| Nicht pauschal ab- oder aufwerten | Was du gerade gemacht hast, stört mich sehr. | So blöd kann man sich doch nicht anstellen!<br>Du benimmst dich wie ein Versager!<br>Wie dämlich bist du eigentlich!<br>So benimmt sich kein gutes Kind!<br>Schäm dich! |
| Den Geschmack anderer nicht zur Eigenheit von sich selbst machen | Dass sie nicht mit dir spielen will, heißt vermutlich, dass sie etwas anderes oder jemand an- | So gehst du nicht raus, was sollen denn die Nachbarn sagen! |

| | | |
|---|---|---|
| | deren gerade lieber mag. Da hat sie gerade einen anderen Geschmack. Jedes Kind hat seinen eigenen Geschmack. Manchmal passen zwei Geschmäcker zueinander, manchmal nicht. Das findest du jetzt bestimmt schade. | Benimm dich so, dass keiner schlecht über dich oder uns redet!<br>Wer ein gutes Kind ist und sich richtig benimmt, den mögen auch alle. |
| Keine unsinnigen Schuldzuschreibungen vornehmen | Das scheint Oma aber sehr schade zu finden, dass du ihr nicht die Hand gibst. | Jetzt ist die Oma deinetwegen traurig!<br>Ein gutes Kind macht so was nicht! |

**(2) Durch Modellverhalten.** Zum anderen lernen Kinder modellhaft von ihren Bezugspersonen, das heißt, sie schauen sich ab, wie diese selbst mit bestimmten Themen umgehen. Hier haben Kinder ein sehr feines Gespür. Erleiden die Erziehenden selbst Schwierigkeiten aufgrund ungünstiger Selbstwertkonzepte, werden sich die Kinder dies dennoch abschauen und nachmachen, selbst wenn die erwachsenen Vorbilder wortreich versuchen, ihnen das Gegenteil zu vermitteln.

*Schon oft haben ihre Eltern Miriam gesagt, sie solle auf andere Kinder zugehen. Sie solle sich trauen, es werde nichts Schlimmes passieren. Aber genauso oft hat Miriam beobachtet, dass ihre Mutter immer sehr angespannt und nervös ist, bevor jemand zu Besuch kommt. Sie freut sich dann gar nicht mehr auf die Gäste, sondern wirkt angespannt und schlecht gelaunt. Sie räumt auf, saugt und wischt alles und beklagt, was sie noch alles machen müsse, damit es gut ist und allen gefällt. Es wäre ihr furchtbar peinlich, wenn der Besuch nicht alles toll fände und keine gute Meinung von ihr hätte. Weil Miriam auch bei anderen Gelegenheiten beobachtet, wie angespannt und ängstlich ihre Mutter in der Gegenwart anderer ist, hat sie sich das bereits abgeschaut: Sie fürchtet nun auch die negative Meinung anderer, würde diese Meinung dann als wahr übernehmen und sich für Kritik oder Ablehnung schämen.*

*Auch beim Vater hat Miriam schon etwas Merkwürdiges festgestellt: Immer wenn jemand dem Vater sagt, was demjenigen an ihm nicht gefällt, reagiert der Vater ziemlich wütend. Er schimpft dann und zählt alles auf, was er alles gut macht und kann. Danach ist er meist eingeschnappt und man kann nicht mehr richtig mit ihm reden. Miriam schließt daraus, dass es schlimm sein muss, wenn man kritisiert wird. Also versucht sie nun, sich möglichst so zu verhalten, dass keiner etwas an ihr zu kritisieren hat. In manchen Situationen kann sie die Meinung der anderen nicht abschätzen. Solche Situationen sind ihr dann zu riskant und so vermeidet sie diese lieber gleich ganz. Sie macht irgendwann nur noch die Dinge, von denen sie glaubt, dass sie es perfekt kann. Und falls dann doch mal jemand lacht oder meckert, stürzt für sie eine Welt zusammen.*

Sollten Sie bei sich an dieser oder anderer Stelle Muster erkennen, die zu den beschriebenen Schwierigkeiten führen oder führen könnten, haben Sie – genau wie die Ihnen anvertrauten Kinder – die Möglichkeit, hier etwas Neues zu lernen. Als Selbsthilfelektüre verweisen wir zum einen auf das Buch „Im Gefühlsdschungel" (Stavemann, 2018b) sowie speziell für Themen rund um die Selbstwertproblematik auf das Buch „... und ständig tickt die Selbstwertbombe" (Stavemann, 2011). Für weitreichendere Selbstwertprobleme empfehlen wir zum anderen, einen Psychotherapeuten zu kontaktieren und diese – auch zum Wohle Ihrer Kinder – mit ihm gemeinsam zu bearbeiten.

### Exkurs: Geschichten für Kinder

Insbesondere klassische Märchen und auch andere Kinderbücher bieten leider häufig Modelle für ungünstige Denkstile und Konzepte. Es wird in pauschal „gute" und „schlechte" Menschen unterteilt, indem, von bestimmten Verhaltensweisen ausgehend (z.B. brav und fleißig), ein Gesamturteil über eine Person abgeleitet wird: „die liebe und gute Goldmarie". Durch dieses Zuschreiben von Eigenschaften wird so getan, als ob sich Goldmarie immer nur brav und fleißig verhielte. Brav und fleißig wird so gleichgesetzt mit einem permanenten Persönlichkeitsmerkmal. In der Realität wird aber kein Kind nur brav und fleißig *sein*, allenfalls wird es sich mehr oder weniger häufig so verhalten.

Aus vielen Märchen könnten Kinder ableiten, dass es sich um kein gutes und liebes Kind handelt, wenn es sich *nicht immer* brav und fleißig verhält. Ein aufmerksamer Zuhörer im Alter von vier oder fünf Jahren lernt so: Wer sich nicht immer brav und fleißig verhält, ist kein gutes Kind. Wer sich faul und aufmüpfig verhält, *ist* es auch. Und damit ist man ein schlechtes Kind: die Pechmarie. Ebenso verhält es sich beispielsweise bei Aschenputtel, die als brave, fleißige, liebe und gute Person beschrieben wird. Ihr gegenübergestellt sind die faulen und bösen Stiefschwestern und die Stiefmutter.

Auch bei Schneewittchen finden wir ein kategorisches Unterteilen in das schöne und gute Schneewittchen einerseits und die vom Hass hässlich gewordene böse Königin andererseits.

Beim „Tischlein deck dich" erfahren die Söhne von ihrem Vater für ein vermeintliches Fehlverhalten absolute Ablehnung und Kontaktabbruch. Weil der Vater glaubt, dass sie die Ziege nicht richtig gefüttert haben, wirft er seine Kinder aus dem Haus, sodass sie in die Fremde gehen müssen. Hier lernt ein Kind: Wer Fehler macht, wird nicht geliebt. Also darf man niemals auch nur den kleinsten Fehler machen.

Erst als die Söhne Jahre später meinen, dem Vater durch Leistung (abgeschlossene Ausbildung) und Besitz (Abschlussgeschenke ihrer Ausbilder) wieder etwas bieten zu können, wagen sie es heimzukehren. Hier wird vermittelt: „Kannste was, biste was!" und „Haste was, biste was!" Die Kehrseite dieser Medaille heißt dann natürlich: „Kannste nix, biste nix!" und „Haste nix, biste nix!"

In fast allen Märchen finden wir ungünstige Vorbilder, in denen Verhaltensweisen als Persönlichkeitsmerkmale dargestellt und die Protagonisten in gut und schlecht eingeteilt werden. Nur selten werden differenzierte Charaktere beschrieben, die verschiedene Eigenschaften, Eigenheiten und Verhaltensweisen aufzeigen, die man – je nach Geschmack – gut oder schlecht finden kann.

Es gibt aber auch Ausnahmen von diesem simplen Einteilen in Gut und Böse:

- Beim „Tapferen Schneiderlein", der zwar nichts konnte, aber am Ende die Prinzessin bekommt.
- Oder bei den „Drei Federn", wenn der „Dümmste" die Aufgabe löst und das Schloss des Vaters erhält.
- „Das hässliche Entlein" dient als Beispiel dafür, nicht vom Äußeren auf die Person zu schließen.
- Ebenso wird auch bei „König Drosselbart" gezeigt, dass man nicht vom Aussehen auf alles andere schließen sollte.

Differenzierte Charaktere finden wir aber auch hier nicht, da die Protagonisten meist nach dem Alles-oder-nichts-Prinzip beschrieben werden: die Schönste, der Dümmste, die Hässlichste usw. Es werden keine Eigenschaften in unterschiedlichen Qualitäten dargestellt, und es wird so getan, als gäbe es einen allgemein gültigen Geschmack, nach dem alle als schön, hässlich, schlau oder dumm beurteilt werden könnten.

Bei modernen Geschichten finden wir häufiger positive Beispiele. So bieten zum Beispiel folgende Titel Modelle für differenziertes Denken und Bewerten bereits in Geschichten für Kleinkinder:

- „Der kleine Rabe Socke", der oft lügt, der sich erstmal nur um seine eigenen Bedürfnisse kümmert und dessen Freunde regelmäßig wütend auf ihn sind. Er bemüht sich am Ende aber doch um seine Freunde und die verzeihen ihm.
- „Lauras Stern": Laura lebt mit ihrem Bruder und ihren Eltern zusammen, hat Freunde und besucht die Kita. Eigenes Fehlverhalten, negative Gefühle, Probleme und Entscheidungsfragen werden thematisiert und differenzierte Charaktere angeboten.
- „Leo Lausemaus", der seinem Namen alle Ehre macht und sich regelmäßig so verhält, dass sich andere über ihn ärgern, der aber genauso Eigenschaften aufweist, die viele mögen.

(Diese Titel sind als Beispiele und nicht als abschließende Auflistung zu verstehen.)

## „Ja, aber ... soll man nun etwa gar keine alten Märchen mehr vorlesen?"

Nein, das heißt es nicht. Man muss nicht grundsätzlich auf die oben erwähnten klassischen Märchen verzichten. Wir empfehlen jedoch, sie nicht unkommentiert zu lassen. Unsinnige Verknüpfungen, z. B. zwischen einem Verhalten und dem Gesamturteil über diese Person („Wer einmal lügt, ist ein schlechtes Kind"), sollten Erziehende direkt ansprechen, sie als unsinnig entlarven und den Kindern eine alternative Sichtweise anbieten. Dazu können sie z. B. auch gemeinsam mit den Kindern überlegen, welche Konsequenzen die unterschiedlichen Verhaltensweisen nach sich ziehen:

- Wenn ein Kind lügt, kann es sein, dass andere sich darüber ärgern oder nicht mehr mit ihm spielen wollen; ein böses oder schlechtes Kind ist es deswegen nicht.
- Jeder macht häufig etwas, was andere blöd finden. Die Konsequenzen muss man dann ertragen. Aber bestimmt macht dieses Kind auch Dinge, die es selbst und andere gut finden.

## 2.9 Selbstsicherheit und Selbstvertrauen

Für diese Themen erinnern wir uns an die Definitionen zu Beginn dieses Kapitels. Voraussetzung für Selbstsicherheit, Selbstvertrauen und Selbstwirksamkeit ist, dass Kinder Dinge, die sie noch nicht können, ausprobieren und dadurch erfahren, dass sie es hinbekommen – mit oder ohne Unterstützung anderer. Dadurch bauen sie ihre Selbstwirksamkeit auf und vertrauen darauf, dass sie auch in anderen Situationen Wege finden, um sie zu bewältigen.

Dabei ist es unausweichlich, dass sie dabei auch Fehlschläge oder eigenes Versagen erleben.

### Die Rolle der Erziehenden

Erziehende sollten hier motivierend einwirken und erklären, dass

- jeder, der neue Dinge lernt, es selten gleich kann
- Fehler völlig normal und kein Anlass für Selbstabwertung sind
- wer Purzelbäume schlagen möchte, sie so lange üben muss, bis er sie kann.

**Versagen und Versager.** Versagen ist im alltäglichen Sprachverständnis häufig negativ besetzt, da – wie wir bereits feststellten – manche dazu neigen, vom Versagen in einer Situation auf den Wert der gesamten Person zu schlussfolgern. Aber niemand *ist* ein Versager durch und durch. Es gibt auch niemanden, der immer und in allen Dingen versagt. Aber wer sich wegen eines Versagens unsinnigerweise für einen Versager hält, macht sich ein unnötiges psychisches Problem.

Erziehende sollten eine geduldige, nicht fordernde, aber fördernde Haltung einnehmen. Wenn das Kind es heute nicht lernen möchte, dann eben nicht. Aber es sollte heute schon verstehen, dass es um das Lernen nicht herumkommt, wenn es den Purzelbaum irgendwann können möchte. Erziehende sollten ihr Zutrauen und ihre Bereitschaft zu helfen ausdrücken, sobald das Kind zum Lernen bereit ist. Diese Hilfe sollte immer eine Hilfe zur Selbsthilfe sein und den Anteil an Eigenleistung des Kindes maximieren. Denn nur dann wird sich das Kind den Erfolg auch selbst zuschreiben und daraus seine Selbstwirksamkeit, seine Selbstsicherheit und sein Selbstvertrauen ziehen.

**Herausforderungen schaffen.** Erziehende sollten auch darauf achten, selbst altersadäquate Herausforderungen vorzuschlagen. Wichtig ist dabei, dass das Kind sie prinzipiell mit Lernen und Üben alleine meistern kann. Das sind nicht nur die, die das Kind auf jeden Fall beim ersten Mal lösen kann. Auch wenn es deswegen mögliche Fehlschläge und negative Gefühle ertragen muss: Seine Selbstwirksamkeit und daraus folgend sein Selbstvertrauen und seine Selbstsicherheit vermehrt es auch dann, wenn es die Aufgabe erst beim zehnten Anlauf schafft.

**Selbstständigkeit fördern.** Viele Kinder äußern von sich aus zunehmend den Wunsch, Dinge allein zu machen. Sie drängen also förmlich danach, Erfahrungen zu sammeln und so ihre Selbstwirksamkeit zu erhöhen. Erziehende sollten sie in ihrem wachsenden Unabhängigkeitswunsch unterstützen. Von Geburt an starten sie einen andauernden Prozess des Unabhängig-Werdens. Zu Beginn durch ihre motorische Entwicklung: den Kopf halten, Dinge greifen und loslassen, sich drehen, robben, krabbeln, laufen, klettern, rennen. Durch Üben von Fähigkeiten, wie den Löffel zu halten und alleine zu essen, den Becher zu halten und alleine zu trinken, sich Sachen auszuziehen und später sich selbst anzuziehen. Sie erlernen Strategien der Selbstberuhigung und vergrößern ihre Problemlösekompetenz. Sie bestellen alleine ihr Eis, gehen alleine zum Bäcker und bezahlen selbst, kümmern sich um das jüngere Geschwisterchen, dürfen unbeaufsichtigt spielen, im Haushalt mithelfen oder Aufgaben übernehmen. Manche Schritte gehen sie in einem unterstützenden Umfeld „von ganz allein". Bei anderen brauchen sie aktive Hilfestellung. Manche Kinder benötigen mehr wohlwollendes Zureden des Erziehenden, andere stürzen sich regelrecht in jede neue Herausforderung. Die Erziehenden sollten ihnen dabei ein erfolgreiches Bewältigen zutrauen.

# 3. Ausgeglichene und motivierte Kinder – Frustrationstoleranz fördern

Ungeborene Kinder erleben im normalen Schwangerschaftsverlauf im Bauch ihrer Mutter eine All-inclusive-Versorgung. Ihre Bedürfnisse werden rund um die Uhr erfüllt, sie müssen auf nichts verzichten, sind immer gesättigt und geborgen. Sie haben jederzeit, was sie brauchen, ohne etwas dafür tun zu müssen.

Nach ihrer Geburt stellen sie fest, dass dieser sorglose Zustand beendet ist, dass sie Hunger oder Durst spüren, dass ihre sensible Haut Schmerzen empfinden kann, dass es sie Anstrengung und Verzicht kostet, in einer „äußeren" Welt zu schlafen und dass sie nun oft auf das Erfüllen ihrer Bedürfnisse warten müssen. Sie erleben das als unangenehm, anstrengend und lästig, kurzum sie reagieren frustriert – und schreien aus vollem Halse. Sie müssen erst noch lernen, mit diesen Frustrationen weniger emotional belastet umzugehen. Dazu sind sie künftig auf ihre Bezugspersonen angewiesen und darauf, dass diese ihnen in angemessenen Schritten beibringen, die unvermeidbaren Frustrationen des Lebens auszuhalten, zu akzeptieren und – falls möglich – zu überwinden. Diese Fähigkeit im Umgang mit Frustrationen wird es ihnen dann ermöglichen, emotional ausgeglichen und motiviert an die Aufgaben und Herausforderungen ihres Lebens heranzugehen.

Die Frustrationen, die Kinder bewältigen lernen müssen, sind vielfältig. Zum Beispiel, dass

- sie nicht alles immer und sofort haben können und warten müssen
- sie zwischen Alternativen wählen und verzichten lernen müssen
- sie sich anstrengen müssen, um etwas zu bekommen
- sie das erwünschte Ziel möglicherweise trotzdem nicht erreichen
- vieles (noch) nicht in ihrer Macht steht und sie es nicht beeinflussen können
- es keine Gerechtigkeit gibt
- sie den andersartigen Geschmack und die Ziele anderer ertragen müssen
- es keine Garantie für ein sorgenfreies, angenehmes oder unversehrtes Leben gibt.

Das klingt nicht nur anstrengend, das ist es auch.

Vielleicht erschrecken manche Eltern und Erziehende und denken, dass man so etwas einem Kind doch nicht zumuten darf. Dass man es davor beschützen, es bestmöglich versorgen und es ihm so angenehm wie möglich machen sollte, weil der Ernst des Lebens noch früh genug über es hereinbrechen wird.

Manche Eltern haben auch gehört, dass

- jedes Kind anders sei und seine eigene Persönlichkeit quasi von selbst entfalte
- man es lassen solle, wie es ist, und dann werde es schon zufrieden sein
- man es nicht zu sehr reglementieren oder gar bestrafen sollte, um es nicht in seiner individuellen Entwicklung zu gefährden
- man eine Beziehung „auf Augenhöhe" führen sollte.

Sie glauben, dass beispielsweise das wütende Fordern nach Gerechtigkeit, der „starke Wille" oder das einstündige Zubettgeh-Ritual ein Ausdruck der kindlichen Persönlichkeit sind. Doch weder das Wüten noch das Fordern noch das Nicht-Verzichten-Wollen bedürfen einer Entwicklungs- oder Anstrengungsleistung. Das kann ein Kind vom ersten Tag seines Lebens.

Die Frustrations*in*toleranz ist jedem Menschen sozusagen angeboren. Nun kommt es darauf an, wie gut das Kind mithilfe seiner Erziehenden lernt, dies in solche Bahnen zu lenken, dass es mit anderen zurechtkommt, notwendige Aufgaben umsetzen und unvermeidbare Lästigkeiten akzeptieren kann, um so auf lange Sicht psychisch gesund und ausgeglichen zu sein.

So nachvollziehbar der Wunsch ist, es dem kleinen Wesen, für das man die Verantwortung trägt, so angenehm, sicher und bequem wie möglich zu machen, so notwendig ist es auch, in angemessenen Lernschritten dessen Frustrationstoleranz zu fördern, damit es später nicht mit emotionalen und/oder sozialen Problemen dafür zahlen muss.

Kinder lernen ab dem ersten Tag ihres Lebens. So können sie auch aus zu viel Schutz vor Frustrationen eine ungünstige Lehre ziehen. Nämlich die, dass sie *ohne* Anstrengung und Akzeptanz des Unvermeidlichen durch das Leben kommen können. Häufig werden sie dann später umso größere Schwierigkeiten dabei haben, Realitäten und Unveränderliches zu akzeptieren und den Umgang damit neu zu lernen oder umzulernen. Denn auch sie werden feststellen, dass sie ohne lästige Anstrengungsleistung oder ohne Akzeptanz des Unvermeidbaren nicht zu ihren Zielen gelangen.

Daher ist es ratsam, Kinder einerseits durch Begrenzungen und Anforderungen zu frustrieren und andererseits ihnen dabei zu helfen, die dafür notwendige Selbstüberwindungsfähigkeit und Akzeptanzleistung zu erlernen. Wie dies geschehen kann, betrachten wir in Kapitel 3.3.

**Exkurs: Helikopter-Eltern**

Als „Helikopter-Eltern“ werden überfürsorgliche Eltern bezeichnet, die sich meist in der Nähe ihrer Kinder aufhalten, sie überwachen und sich übermäßig in deren Angelegenheiten einmischen. Eine Studie (Perry et al., 2018) zeigt, dass so ein Elternverhalten die kindliche Entwicklung immer wieder behindert. Vor allem in der Schule fällt auf, dass Kinder von Helikopter-Eltern häufiger Schwierigkeiten damit haben, den Stoff zu bewältigen. Sie erleben sich öfter als „fehl am Platz“ oder als ungerecht behandelt. Sie kämpfen häufiger mit depressiven Verstimmungen, einem niedrigen Selbstwert und ängstigen sich vor vielen Situationen. Ihre soziale Kompetenz wird von den Lehrpersonen geringer eingeschätzt als die von anderen Schülern.

Die Ursache dafür wird darin vermutet, dass diese Kinder nicht hinreichend gelernt haben, ihre eigenen Gefühle zu erkennen, zu benennen und zu regulieren. Zu häufig haben ihre Eltern dies für sie übernommen. Insbesondere negative und damit als unangenehm erlebte Gefühle wurden ihnen vielmals erspart, weil die Eltern unerwünschte Situationen verhindert oder für die Kinder gelöst haben. Dadurch haben diese Kinder keinen eigenen Weg im adäquaten Umgang damit erlernt. Sie weisen Defizite in der Impulskontrolle auf, das heißt, sie haben ihre Gefühle nicht „im Griff“.

Damit können sie weder ihre Emotionen noch ihr Verhalten angemessen steuern, mögen sich nicht an Regeln halten und benehmen sich häufiger „daneben“. Freunde zu finden und Beziehungen aufrechtzuerhalten fällt ihnen schwer, da sie sich oft egozentrisch verhalten.

Wenn Eltern zu häufig zu viel Kontrolle ausüben, ihren Kindern zu viel abnehmen oder ihnen jede Frustration „ersparen“, nehmen sie ihnen nicht nur die Chance zu üben, auch mit unangenehmen Gefühlen angemessen umzugehen, sondern sie lernen so auch nicht, sich zu beruhigen und eigene Wege zum Problemlösen kennenzulernen.

## 3.1 Von Wutbrummern und Anstrengungsvermeidern – Kinder mit geringer Frustrationstoleranz

Frustrationsintoleranz kann sich auf sehr unterschiedliche Weise zeigen und ausgelebt werden. Betrachten wir hierzu die beiden Haupttypen: die Wutbrummer und die Anstrengungsvermeider (Stavemann & Hülsner, 2016).

### Wutbrummer

Hierunter verstehen wir Kinder, die zu schnell, zu oft oder zu lange mit Ärger und Wut reagieren, wenn sie mit Frustration konfrontiert werden, z. B. wenn es nicht nach ihrem Willen geht. Wir alle kennen solche kindlichen Reaktionsmuster:

- Sie werfen sich auf den Boden und schreien aus voller Kehle, wenn sie nicht *sofort* bekommen, was sie möchten.
- Sie brüllen den Supermarkt zusammen, wenn sie die geforderte Süßigkeit nicht bekommen.
- Sie boxen das Kind, das gerade mit dem Feuerwehrauto spielt, das sie gern hätten.
- Sie schmeißen den Teller vom Tisch, weil sie nicht das erste Stück Pizza bekommen haben.
- Sie wehren sich gegen das Zähneputzen und Anziehen, sodass dies regelmäßig in einem körperlichen „Kampf" endet.

Die meisten Erziehenden kennen solche oder ähnliche Situationen mit ihren Kindern, da jedes Kind Frustrationstoleranz erst noch erlernen muss. Je häufiger ein Kind jedoch mit Nörgeln, Wüten, Zerschmettern oder Angriffen *Erfolg* hat und seine Ziele erreicht, desto wahrscheinlicher ist es, dass dies künftig zu seiner vorrangigen Verhaltensstrategie wird. Es lernt am Erfolg.

**Wohin kann das führen?** Derartige Erziehungsstile führen häufig zu Erwachsenen, die weiterhin fordern, dass die Welt, andere Menschen und das alltägliche Leben *genau so* zu sein haben, wie sie es wünschen. Die Konsequenz daraus ist, dass sie sich häufig stark darüber aufregen und ärgern, wenn dem nicht so ist, und sie sich damit unter starken emotionalen Stress setzen. Dies kann mit heftigen Folgen im Sozialleben und für die eigene psychische und körperliche Gesundheit einhergehen.

Mangelndes Kompromissverhalten und Egozentrik („Mein Wille geschehe!") stellen soziale Beziehungen zu Partnern, Freunden, Kollegen und Familie auf eine harte Probe und nicht selten wendet sich das Umfeld früher oder später ab.

Gesundheitlich wird jemand, der sich andauernd und stark ärgert, negative Auswirkungen durch das ständige hohe Erregungsniveau erleiden. Diese können beispielsweise in muskulären Verspannungen bestehen, die sich als Rückenschmerzen äußern. Auch übersäuerte Reizmägen und Darmprobleme sind oft zu beobachten. Häufig kann das dauerhafte Sich-Aufregen zu hohem Blutdruck beitragen.

Meist kommen diese Klienten dann als Erwachsene wegen dieser körperlichen Beschwerden in die psychotherapeutische Praxis, jedoch in der Regel erst, wenn dafür keine hinreichende organische Ursache gefunden werden konnte oder weil sie sich über ihr Umfeld beklagen und dieses verändert sehen möchten.

### Anstrengungsvermeider

Unnötige Anstrengung zu vermeiden, ist normal und verhindert unsinnigen Energieverlust. Mit Anstrengungsvermeidern sind die Kinder gemeint, die auch dann Anstrengung vermeiden, wenn ihnen deutlich ist, dass sie damit langfristig erhebliche Nachteile erleiden. Sie haben noch nicht gelernt zu unterscheiden, wann es clever ist, unnötiger Anstrengung aus dem Weg zu gehen – sich also „schlau-faul" zu verhalten –, oder wann es ratsam ist, *jetzt* lästige Anstrengung in Kauf zu nehmen, um anschließend die erwünschte Ernte einzufahren. Sie vermeiden lieber solche Anstrengungen und erfahren dadurch kurzfristig Erleichterung, die sich jedoch bereits mittel- oder aber garantiert langfristig zu einem überproportionalen Nachteil entwickelt – sie verhalten sich dann damit „dumm-faul".

**Wohin kann das führen?** In die psychotherapeutische Praxis tauchen zunehmend häufiger junge Erwachsene auf, die darunter leiden, dass sie nicht recht vorankommen. Andere in ihrem Alter sind schon weiter und irgendwie erreichen sie nicht das, was sie gern hätten. So schildern sie beispielsweise, dass

- es ihnen nicht gelingt, an wichtigen Aufgaben und Zielen ausreichend „dranbleiben" zu können
- sie Notwendiges aufschieben, obwohl ihnen die dadurch entstehenden negativen Konsequenzen bewusst sind
- sie nichts zu Ende bringen, obwohl es ihnen wichtig wäre
- sie ihr Leben nicht organisiert bekommen und
- sie sich nicht entscheiden mögen, weil sie auf keine der anderen positiven Alternativen verzichten wollen.

Manche haben sich auch für kurzfristige und scheinbare Problemlösungen entschieden: Sie entfliehen dann beispielsweise in angenehme Welten des Internets oder Spiels, lenken sich anderweitig ab oder konsumieren Alkohol oder Drogen.

Die meisten von ihnen verstehen meist recht schnell, dass das Problem darin besteht, dass sie immer dann, wenn es anstrengend und lästig wird, ausweichen und aufschieben und dass sie sich nur unzureichend dazu überwinden können, kurzfristig ein lästiges, aber notwendiges Übel in Kauf zu nehmen, um ein langfristiges, angenehmes Ziel zu erreichen. Um dies zu ändern, müssen sie nun mühsam nachlernen, was sie bislang nicht ausreichend verinnerlicht haben: Frustrationstoleranz.

## 3.2 Was ist Frustrationstoleranz?

Wie in der Einführung zu diesem Kapitel dargestellt, kommen Kinder zwar ohne Frustrationstoleranz auf die Welt, können diese aber im Laufe ihres Lebens erlernen. Tun sie dies im hinreichenden Maße, kann man diesen Prozess in zwei wesentlichen Bereichen erkennen: an ihrer Einsatzbereitschaft für eigene Ziele und an ihrer Fähigkeit zur Akzeptanz.

**Einsatzbereitschaft.** Damit ist die Bereitwilligkeit gemeint, die Energie und den notwendigen Einsatz aufzubringen, die man benötigt, um selbst aufgestellte Ziele zu verfolgen und zu erreichen.

Um späteren Problemen durch Frustrationsintoleranz vorzubeugen, ist es günstig, wenn bereits Kinder lernen, dass sie nur dann in der Lage sind, Gewünschtes zu erreichen, wenn sie bei erwünschten und bereits zu bewältigenden Zielen mit der dafür notwendigen Anstrengungs- und Einsatzbereitschaft reagieren. Haben Kinder dies gelernt, werden sie an einer Sache dranbleiben und sich auch dann überwinden, wenn es anstrengend wird. Außerdem werden sie auf kurzfristig angenehme Alternativen zugunsten eines langfristigen, ihnen wichtigen Ziels verzichten können.

Als Beispiel sei der Fünfjährige genannt, der vereinbarungsgemäß zuerst sein Zimmer aufräumt, bevor er am Abend seine Lieblingssendung anschauen darf. Oder die Achtjährige, die sich am Wochenende eine gemeinsame Aktivität wünschen darf, wenn sie während der Woche ihre Hausaufgaben erledigt und ihre Schulsachen für den Folgetag selbstständig vorbereitet hat.

Wie man Frustrationstoleranz bei Kindern auf- und ausbaut, betrachten wir im Kapitel 3.3.

**Akzeptanz.** Damit ist die Bereitschaft gemeint, Dinge oder Begebenheiten so zu akzeptieren, wie sie sind – ob sie einem gefallen oder nicht. Diese andere Form der Frustrationstoleranz können wir beobachten, wenn ein Kind zunehmend flexibler und gelassener damit umgeht, wenn die Welt nicht so ist, wie es sie gern hätte. Statt sich beispielsweise endlos über eine „Gemeinheit" oder „Ungerechtigkeit" zu ärgern, wenn ihm ein älteres Kind sein Spielzeug weggenommen hat, kann es akzeptieren, dass

- es gegen das ältere und größere Kind keine realistische Chance hat
- es leider ungerecht zugeht im Leben
- es nicht immer seinen Willen durchsetzen kann und
- andere Kinder und Menschen andere Ziele verfolgen als es selbst.

Statt dann weinend oder schreiend den Rest des Nachmittags zu verbringen, schafft sich das Kind dank seiner Akzeptanzleistung den Freiraum, neue Handlungsweisen zu wählen. So könnte es sich nach einem neuen Spielzeug im Sandkasten umschauen oder nach Unterstützung suchen, um sein Ziel, das Spielzeug zurückzubekommen, vielleicht mithilfe Dritter doch noch zu erreichen. Ein weiteres Beispiel: Wird der Elfjährige am Samstagmorgen beim Fußballspiel nicht vom Trainer aufgestellt, könnte er dies akzeptieren als einen Entscheid, der nicht in der eigenen Macht liegt und mit dem der Trainer ein bestimmtes Ziel verfolgt. Es entspricht nur leider nicht dem des Elfjährigen. Er könnte mit Bedauern reagieren, statt sich aufzuregen und sich zu ärgern.

> Beim Aufbau der Frustrationstoleranz geht es darum zu lernen, den notwendigen Einsatz zu erbringen, um ein Ziel zu verfolgen und um die Bereitschaft, die Grenzen des eigenen Einflussbereichs zu akzeptieren.

## 3.3 Wie Kinder Frustrationstoleranz erlernen

Nachfolgend betrachten wir einige Lebensbereiche genauer, in denen sowohl Akzeptanz als auch Anstrengungsbereitschaft gelernt werden können und *sollten*, damit Kinder zu emotional ausgeglichenen, lebensbejahenden Erwachsenen heranreifen können. Und dabei gilt: Man kann damit nicht früh genug anfangen!

Von ganz klein an können Kinder in kleinen Schritten ihre Frustrationstoleranz steigern lernen, wenn ihre Bezugspersonen sie dazu anleiten. Wem das zu früh erscheint, der sei an dieser Stelle erneut daran erinnert, dass *einmal sinnvoll gelernt* stets leichter ist, als unsinnig Gelerntes mühsam umzulernen. Jeder weiß selbst, wie schwer es ist, sich verinnerlichte lästige Gewohnheiten abzutrainieren.

### 3.3.1 Akzeptanz fördern: „So ist es.“

Es gibt unzählige Dinge oder Situationen, die einem missfallen, bei denen es aber nicht in der eigenen Macht liegt, sie zu verändern. Die beste Strategie ist dann, sie ertragen zu lernen nach dem Motto: „So ist es". Im Folgenden wird diese wichtige Lernaufgabe genauer beleuchtet. Hierzu betrachten wir folgende Aspekte:

(1) Die Grenzen der eigenen Macht
(2) Verzicht
(3) „Richtig" und „falsch"
(4) Ungerechtigkeit
(5) Unsicherheit, Verletzbarkeit und körperlicher Schmerz.

## (1) Die Grenzen der eigenen Macht

Babys begreifen bis zum Zeitpunkt der Geburt alles als Teil ihrer selbst, d. h., sie erleben keine Grenze zwischen sich, der Mutter und der Welt. Eine erste Frustration erfahren sie, wenn sie durch die körperliche Abnabelung von der Mutter nun zum einen Hunger und Durst spüren und zum anderen im Befriedigen ihrer Bedürfnisse abhängig und ausgeliefert sind. So begreifen sie langsam die Welt, die außerhalb von ihnen liegt. Sie sind aber noch etwa bis zum vierten Lebensjahr nicht in der Lage, sich in die Gefühle und Motive anderer hineinzuversetzen, sondern unterstellen diesen vielmehr die eigenen Gefühle und Motive. Auch hegen gerade kleine Kinder häufig Allmachtsphantasien, wenn sie glauben, dass andere sich nach ihrem Willen richten sollten. Sie verstehen und anerkennen noch nicht, dass andere Menschen unabhängige Wesen sind, auf deren Denken, Fühlen und Handeln sie keinen Einfluss haben. Auch ahnen sie noch nicht, wie wichtig es für ihre eigene Entwicklung sein wird, einen angemessenen Umgang mit diesen zu erlernen.

Zum Aufbau einer reflexiven Persönlichkeit (das ist die Fähigkeit zum sozialen Rollenwechsel, d. h., sich in andere hineinzuversetzen) ist es besonders wichtig, dass Kinder bei ihren Eltern oder Erziehenden die Erfahrung von Abgrenzung machen.

Übernehmen die Erwachsenen diese Aufgabe nicht, lernt das Kind nur unzureichend den Unterschied zwischen sich und anderen kennen und entwickelt ein mangelhaftes Verständnis dafür, dass andere abweichende Bedürfnisse, Gefühle und Motive besitzen. Andere bleiben dann, leblosen Gegenständen gleich, nur Objekte in den Augen des Kindes, welche es nach eigenem Willen hin- und herschieben kann.

Grenzen sich Bezugspersonen aber mit ihren Bedürfnissen ab, kann das Kind daran die Grenzen zwischen sich mit den eigenen Bedürfnissen und anderen mit ihren Bedürfnissen erfahren, begreifen und zunehmend als normal akzeptieren.

*Ein dreijähriges Kind sitzt auf dem Schoß des Vaters. Während dieser sich unterhält, stellt es sich auf seinen Schoß, hält sein Gesicht vor seines, erzählt laut etwas, zieht an seinen Haaren, steckt die Finger in Papas Nase – kurzum, es versucht alles Mögliche, um Papas Aufmerksamkeit zu erlangen.*

*Grenzt sich der Vater hier liebevoll, aber deutlich ab, indem er seinem Kind klar zu verstehen gibt, dass er dies nicht mag und dass ihn dies beim Gespräch stört, nutzt er eine Möglichkeit, seinem Kind zu vermitteln, dass andere Menschen andere Bedürfnisse haben, die es anzuerkennen gilt. So könnte er zu ihm sagen: „Bitte hör jetzt auf damit, dein Verhalten stört mich sehr bei meiner Unterhaltung. Du kannst hier neben mir alleine spielen und in fünf Minuten, wenn ich fertig gesprochen habe, überlegen wir, was wir gemeinsam spielen."*

Weitere Möglichkeiten des Abgrenzens finden sich in vielen alltäglichen Momenten, zum Beispiel wenn Erziehende

- nicht unmittelbar eigenes Handeln auf den Wunsch des Kindes zurückstecken
- eine Unterhaltung mit dem Partner nicht sofort abbrechen, wenn das Kind unbedingt etwas sagen will
- eine Mama-Papa-Zeit definieren und einhalten oder
- auf Treten, Schlagen o. Ä. den eigenen Unmut und gegebenenfalls Schmerz entsprechend deutlich machen.

**„Ja, aber … ich darf doch mein Kind nicht mit Missachtung bestrafen und seine berechtigten Bedürfnisse immer nur ablehnen."**

Es stimmt, dass Kinder immer ein angemessenes Maß an Aufmerksamkeit, Zuwendung, Unterstützung und Fürsorge erfahren sollten. Aber welches Maß ist angemessen? In Kapitel 2 haben wir bereits ausgeführt, dass ein emotionales Versorgen notwendig für eine gesunde psychische Entwicklung bei Kindern ist. Liebe, Aufmerksamkeit, Zuwendung und Unterstützung verstehen wir als eine Grundhaltung dem Kind gegenüber, die auch dann gelten sollte, wenn Eltern Strenge walten lassen, konsequent handeln, sich durchsetzen oder den Kindern Grenzen aufzeigen.

Durch die Wortwahl, die Lautstärke, die Mimik und die Körperhaltung können sie ihre grundsätzliche Zuneigung und Zugewandtheit auch dann ausdrücken, wenn sie ihren Kindern erklären, dass sie sich in den nächsten zehn Minuten alleine beschäftigen sollen oder dass sie deren Verhalten gerade überhaupt nicht gut finden.

Insbesondere vom Angebot an Aufmerksamkeit nehmen Kinder naturgemäß so viel sie nur bekommen können und versuchen auch, das Maß immer höher zu setzen. Sie sind nicht in der Lage, ein für sich und ihre Entwicklung gesundes Maß zu erkennen oder gar selbst einzuhalten. Diese Aufgabe obliegt den Erziehenden. Ein Zuviel davon ist genauso ungünstig wie ein Zuwenig. Aber selbst wenn das Kind in der Lage wäre, ein angebotenes Maß an Zuwendung einzuhalten, und es schafft, sich auch mal von den Bezugspersonen zu distanzieren, hätte es auf diese Weise immer noch nicht gelernt, dass andere Menschen andere Bedürfnisse haben können und dass es dies zu akzeptieren gilt. Dabei geht es nicht um Zurückweisen oder Ablehnen des Kindes, sondern um ein Abgrenzen bezogen auf sein Verhalten oder seine Erwartungen.

Lernt das Kind, dass eine andere Person andere Bedürfnisse haben kann als es selbst, ist ein wesentlicher Baustein gelegt, um den sozialen Perspektivenwechsel und damit Empathie zu erlernen. Nur so kann das Kind lernen, auf andere Rücksicht zu nehmen, deren Grenzen zu achten und auch die engen Grenzen der eigenen Macht besser zu erkennen und zu akzeptieren.

### Exkurs: Empathie

Unter Empathie wird die Fähigkeit und Bereitschaft verstanden, die Gefühle, Gedanken, Absichten und individuellen Besonderheiten anderer Menschen zu erkennen oder zu verstehen und mit einem passenden Verhalten darauf zu reagieren. Man kann dabei zwischen kognitiver und emotionaler Empathie unterscheiden: Kognitive Empathie bedeutet zu erkennen, was ein anderer fühlt, emotionale Empathie heißt, sich auch so zu fühlen, wie sich der andere fühlt (Ekman, 2010).

Menschen mit der Fähigkeit zur Empathie sind in nahezu allen Lebensbereichen erfolgreicher, haben bessere persönliche Beziehungen und können sich selbst sowie andere stärker motivieren. Sie lernen schneller und genießen ein größeres Vertrauen (Badea, 2010).

Es ist noch unklar, ob Empathie angeboren oder erlernt ist, Forscher glauben jedoch, dass es eine evolutionäre Voraussetzung dafür gibt. Dabei scheint das spontane „Mitfühlen" eher angeboren zu sein, da schon in der Säuglingsforschung Hinweise darauf zu finden sind. Es dient vermutlich dem Fördern von sozialer Bindung, da Empathie im weitesten Sinne eine Form der Kommunikation zwischen einem Säugling und einer Bezugsperson ermöglicht – und es ist damit, evolutionär betrachtet, überlebensnotwendig. Die kognitive Empathie (das Mitdenken oder In-den-anderen-Hineinversetzen) kann eher als erlernte Einstellung, Haltung und Fähigkeit gesehen werden.

Aggressives und antisoziales Verhalten hängen deutlich zusammen mit geringer Empathie (Miller & Eisenberg, 1988). Das heißt, dass die erworbenen und bewusst angewandten Strategien der Empathie entscheidend dafür sind, ob sich jemand sozial verträglich verhält oder nicht.

Empathie ist zwar in jedem Menschen angelegt. Ob sich jemand im Verlauf seines Lebens aber eher empathisch verhält, hängt von den Lernerfahrungen ab, die im Laufe der Erziehung gesammelt werden. Kinder müssen also empathische Einstellungen und Verhaltensweisen erst lernen.

### (2) Verzicht

Eng verbunden mit der Akzeptanzleistung ist die Bereitschaft zum Verzicht. Die Notwendigkeit dazu ist allgegenwärtig. Immer dann, wenn man sich *für* etwas entscheidet, entscheidet man sich zwangsläufig auch immer *gegen* etwas. So simpel das klingen mag, so schwer fällt es Kindern, diese Tatsache zu akzeptieren – und auch vielen Erwachsenen, die noch keine ausreichende Frustrationstoleranz erlernt haben.

Natürlich weiß man nie, ob man sich garantiert für „das Richtige" entschieden hat oder ob sich nicht später doch noch etwas Besseres anbietet. Und am liebsten würde man gar nicht verzichten, sondern alles haben wollen. Doch das ist bekanntlich Wunschdenken. Auch wenn uns bestimmte Slogans und Ideen heute gerne das Gegenteil suggerieren möchten („Du kannst alles sein und haben, was du willst!") und selbst wenn die Eltern und Erziehenden ihren Kindern alles ermöglichen wollen: Das entspricht nicht der Lebensrealität. Kinder sollten daher lernen, dass

- ihre Möglichkeiten begrenzt sind
- sie sich zwischen Optionen entscheiden müssen
- auch ein Nicht-Entscheiden letztendlich ein Entscheiden ist und
- jeder Entscheid Konsequenzen nach sich zieht.

Aber wie macht man das mit einem kleinen Kind? Hierzu einige Beispiele:

- ✓ Darf das Kind am Tag eine Süßigkeit essen, sollte es sich diese eine aus verschiedenen Süßigkeiten aussuchen. Einmal entschieden, bleibt es auch dabei.
- ✓ Darf es sich gelegentlich beim Einkaufen etwas aussuchen, dann sollte es genau eine Sache aus dem großen Angebot sein, für die es sich entscheiden kann (z. B. ein Joghurt, eine Kinderzeitung, eine Flasche Saft usw.). Und auch hier sollte wieder gelten: Einmal entschieden, bleibt es auch dabei.
- ✓ Bei gemeinsamen Brettspielen sollte es nicht öfter anfangen dürfen als andere Mitspieler.
- ✓ Bekommt ein Kind täglich bestimmte Dinge, die es mag (Lieblingssendung im TV, Süßigkeit), sollte es auch Tage geben, an denen es gänzlich verzichten muss (TV-freier Tag).
- ✓ Verliert es sein wichtigstes Kuscheltier oder macht sein Lieblingsauto (versehentlich) kaputt, dann sollte nicht sofort ein Nachfolger bestellt werden, der mit Overnight-Express den Verlust nahtlos ausgleicht.
- ✓ Sitzt die Familie zum Kuchenessen zusammen, darf sich einmal das Kind das erste Stück aussuchen, beim nächsten Mal dann jemand anderes.

Verzicht muss in unserer Zeit und bei der Fülle unserer Ressourcen manchmal künstlich erzeugt werden, damit ein Kind ihn erlernen kann. Der Verzicht muss dabei nicht „gerecht“ sein (siehe hierzu Abschnitt 4: Ungerechtigkeit). Es kommt lediglich darauf an, dass das Kind merkt, dass es ihn ertragen kann. Der Klassiker unter den Lernaufgaben zum Verzicht ist die „Quängelware“ an jeder Supermarktkasse.

*Die Mutter schiebt den Wagen an die Kasse, als ihre dreijährige Tochter nach der erstbesten Süßigkeit greift und ruft: „ Mami, kann ich das bitte haben?“*

*Die Mutter antwortet: „Leg das sofort wieder hin. Wir haben alles, was wir brauchen. Süßigkeiten haben wir genug zu Hause. Ich kaufe dir das jetzt nicht.“*

*Das kleine Mädchen schaut ärgerlich, hält ihre Hand noch an der Süßigkeit im Regal und sagt trotzig und laut: „Ich will aber!“*

*Ihre Mutter bleibt standhaft: „Ich weiß, dass du das jetzt gern hättest. Aber wir haben genug zu Hause und ich werde dir das jetzt nicht kaufen. Hilf mir bitte, unsere Sachen auf das Band zu legen.“*

Ist es für das Kind nicht die erste Erfahrung im Verzichtlernen, wird es der Mutter etwas missmutig folgen. Ist es aber gewohnt, „seinen Kopf durchzusetzen", wird es jetzt die nächsten Register ziehen, beispielsweise denselben Dialog mit der nächstbesten Süßigkeit beginnen oder weinen, schreien und auf dem Boden trampeln. Auf den Umgang mit solchen Verhaltensweisen gehen wir in Kapitel 3.3.2 ein.

### Exkurs: Verzichten und soziale Beziehungen

Vielen Eltern ist es wichtig, dass ihr Kind lernt, mit anderen Kindern gut auszukommen. Ein sozial angemessenes Verhalten zu zeigen – sich einerseits durchsetzen und sich andererseits zurücknehmen zu können –, lernt ein Kind, indem es ebendieses Verhalten bei Erwachsenen sieht und kopiert und indem es von ihnen dazu angeleitet wird.

Soziale Beziehungen setzen immer auch die Bereitschaft zum Verzicht voraus. Niemand will etwas mit einer Person zu tun haben, die immer nur ihren eigenen Vorteil durchsetzen möchte. Dies wird ein Kind in seinen ersten Lebensjahren aber nicht selbst erkennen, das muss ihm gezeigt werden. Geschieht dies nicht, wird es als größeres Kind zunehmend auf Ablehnung stoßen und mühsam umlernen müssen, wenn es das verändern möchte.

Manche Eltern stehen lächelnd daneben, wenn das eigene Kind sein Spielzeug mit aller Kraft verteidigt, egal ob es gerade damit gespielt hat oder nicht. Hauptsache, das eigene Kind ist erfolgreich und das andere Kind bekommt es nicht. Manche meinen dann, „Teilen" als Verhaltensressource stelle sich von alleine ein. Andere denken, das müssten Kinder von alleine lernen und untereinander ausmachen.

Nun, ausgeschlossen ist das sicherlich nicht, aber eher unwahrscheinlich. Das Anleiten zum Verzicht „jemand anderem zuliebe" sollte besser direkt und deutlich erfolgen. Dabei sollten auch dessen Vor- und Nachteile aufgezeigt werden.

*In der Spielgruppe der zwei- bis dreijährigen Kinder krabbelt Felix auf Hannahs grünen Traktor zu. Hannah nimmt ihn sofort an sich und sagt laut: „Meins!" Hannahs Papa könnte nun sagen: „Hannah, du hast doch eben gar nicht mit dem Traktor gespielt. Leih ihn kurz an Felix aus. Er gibt ihn dir dann zurück. Dafür kannst du dir ein Spielzeug bei Felix' Sachen aussuchen." Dabei führt er Hannahs Hand mit dem Traktor und leitet sie so an, ihn an Felix zu geben. Der Vater wird nach angemessener Zeit auch darauf achten, dass Felix den Traktor an Hannah zurückgibt.*

Hat ein Kind Verzicht erlernt, kann es ihn leichter aushalten. Sei es, wenn es manchmal das Ersehnte nicht erhält oder wenn es von mehreren geliebten Dingen nur eines zurzeit erhalten kann. Es ist zufrieden mit seiner getroffenen Wahl, ohne sich anschließend ständig zu fragen oder zu glauben, dass die andere Wahl doch die bessere gewesen wäre.

## (3) „Richtig" und „falsch"

Ab etwa vier Jahren kann man gezielt das Verständnis des Kindes fördern, weshalb andere sich anders verhalten, als es das Kind möchte. Wir nennen das die Fähigkeit zum Perspektivenwechsel, also sich in andere hineinversetzen und deren Motive nachvollziehen zu lernen – auch und vor allem dann, wenn sie den eigenen zuwiderlaufen.

Aber auch schon vor dem vierten Lebensjahr können Eltern und Erziehende Kinder bei diesem Lernprozess unterstützen. Hierfür ist es hilfreich, wenn das Kind erfährt, dass die Regeln, die in der eigenen Familie gelebt werden, nicht zwingend auch für andere gelten. Ebenso kann es lernen, dass es kein für alle Menschen gleichermaßen geltendes „Richtig" und „Falsch" gibt. Es gibt nur die Regeln, die Eltern für ihre Familie aufgestellt haben. Oder Regeln, die in der jeweiligen sozialen Gruppe üblicher sind als in einer anderen.

Vermutlich gibt es aber kaum zwei Familien auf der Welt, die in allen Belangen genau dieselben Regeln für sich aufgestellt haben.

*Die Müllers haben ihrem fünfjährigen Kind beigebracht, an roten Ampeln stehen zu bleiben. Als sie das nächste Mal gemeinsam an einer Fußgängerampel stehen und warten, läuft ein Paar an ihnen vorbei und geht trotz roter Ampel über die Straße.*

*Das Kind schaut seine Eltern an und sagt: „Stimmt's, Mama, das darf man nicht, das ist doch falsch!"*

*Hier könnten die Eltern ihm sagen: „Nach den Verkehrsregeln ist das falsch. Wir finden es auch falsch, weil wir es zu gefährlich finden. Und viele Menschen halten sich auch daran, nur bei Grün über die Straße zu gehen. Aber jeder Mensch muss für sich selbst entscheiden, ob er stehen bleibt und wartet oder schon bei Rot geht, ob er sich also an eine Regel hält oder nicht. Macht er es nicht, ist er vielleicht etwas schneller. Es kann dann aber sein, dass er eine Strafe zahlen muss oder sogar einen Unfall erleidet."*

Lernt ein Kind, dass es kein absolutes, das heißt für alle Menschen und zu allen Zeiten gültiges Richtig und Falsch gibt, sondern nur ein relatives und subjektives, das z. B. davon abhängig ist, nach welchen Zielen, Werten und Moralvorstellungen eine Person gerade lebt, wird es abweichende Meinungen und Verhaltensweisen anderer leichter akzeptieren können. Damit wird es sich im Verlauf seines Lebens viel unnötigen Ärger und überflüssige Streite ersparen.

## „Ja, aber ... es gibt doch ein Richtig und Falsch und Regeln, an die wir uns alle halten müssen!"

Gibt es das wirklich? Ein absolutes, das heißt für alle Menschen geltendes Richtig und Falsch würde voraussetzen, dass wir überhaupt sicher sein könnten, was richtig und falsch, d. h., was objektiv wahr *ist.* Dafür müssten Menschen nicht nur in der Lage sein, die Wirklichkeit realitätsgetreu wahrzunehmen, sondern auch zu verstehen, wozu es ist, wie es ist. An beidem scheitern Menschen aufgrund ihrer begrenzten Wahrnehmungs- und Erkenntnisfähigkeiten.

**Begrenztes Wahrnehmen.** Über unsere Sinnesorgane (Augen, Ohren, Mund, Nase, Haut) nehmen wir wahr. Wir wissen aber, dass wir nur einen Bruchteil von dem wahrnehmen, was tatsächlich da ist. Andere Lebewesen nehmen weitaus mehr wahr als wir: Hunde hören Töne oder Fliegen sehen Dinge, die wir nicht wahrnehmen können. Vermutlich können Menschen nur etwa ein Prozent dessen wahrnehmen, was tatsächlich vorhanden ist. Zusätzlich wird das Wahrgenommene noch dadurch verfälscht, wie wir es verarbeiten: Was wir wahrnehmen, durchläuft in unserem Gehirn einen Sortier- und Auswahlprozess, da wir selbst in dem begrenzten Rahmen unserer Wahrnehmung nicht in der Lage wären, alle Informationen aufzunehmen, zu verarbeiten und zu speichern. Menschen, bei denen diese natürliche Begrenzung der Informationsverarbeitung nicht funktioniert, leiden unter einer Reizüberflutung und können mit schweren psychiatrischen Krankheitsbildern reagieren.

**Begrenztes Erkennen.** Ein Großteil von dem, was wir wahrnehmen könnten, nehmen wir daher gar nicht erst wahr oder wir vergessen es sofort wieder. Und das Wenige, das wir weiter verarbeiten und speichern, unterliegt ganz persönlichen Verarbeitungsregeln. Zum Beispiel wird eher das wahrgenommen und gespeichert, was zu bereits gesammelten Informationen passt. Am Ende bleibt von der tatsächlichen Wirklichkeit nicht viel übrig. Dafür einige Fragen:

- Wer nicht weiß, wie die Wirklichkeit aussieht, wie kann der wissen, was tatsächlich richtig oder falsch ist?
- Gibt es überhaupt Regeln, an die sich *alle* Menschen halten? Wohl kaum, denn dazu sind der Geschmack, die Moral und die Glaubensinhalte von Menschen zu unterschiedlich.
- Oder gibt es Menschen, die sich *immer* an all die Regeln halten, die sie selbst gut finden? Wie steht es mit einem selbst? Ist man noch nie bei Rot über die Straße gegangen, hat man noch nie wissentlich dort geparkt, wo es verboten war? Hat man wirklich *immer* alle eigenen Regeln befolgt?
- Manche glauben, dass Gesetze eine für alle gültige Wahrheit bestimmen. Aber was sagt es über die „Richtigkeit" von Gesetzen aus, wenn wir feststellen, dass diese immer wieder geändert werden und dass plötzlich strafbar sein kann, was vorher erlaubt war (z. B. Kinder zu schlagen bis 1994), oder plötzlich legal ist, was vorher verboten war (z. B. Homosexualität)?

Vermutlich hängt es immer von den zu erwartenden Konsequenzen und von den jeweiligen Zielen ab, die man gerade verfolgt, die uns mit darin beeinflussen, ob wir uns an eine bestimmte Regel halten oder nicht.

### „Ja, aber ... ich kann meinem Kind doch nicht beibringen, dass es keine Regeln gibt und es alles darf!"

Nein, das wäre ungünstig, denn Regeln gibt es, wohin man schaut. Nur eben, dass sich diese nicht in wahre oder falsche unterscheiden lassen. Günstig wäre es, dem Kind zu vermitteln, dass es zwar alles tun kann, was in der eigenen Macht steht, aber nicht ohne Konsequenzen. Jeder Entscheid hat einen Preis. Hält man sich an eine Regel, kostet das einen bestimmten Preis. Hält man sich nicht an sie, kostet das auch einen bestimmten Preis. Hält jemand mit dem Rad an einer roten Ampel, muss er warten und es dauert etwas länger, bis er an sein Ziel kommt. Entscheidet er sich, trotz roter Ampel weiterzufahren, riskiert er ein Bußgeld und einen Unfall.

Möchte man eine bestimmte Konsequenz vermeiden oder wahrscheinlicher machen, kann man sich entsprechend verhalten. Durch dieses Abwägen der kurz-, mittel- und langfristigen Konsequenzen eigenen Handelns lernen Kinder, sich zielführend zu verhalten und die Konsequenzen für ihr Tun einzuschätzen: „So was kommt von so was."

**„So was kommt von so was."** Hat ein Kind diese simple Formel gelernt, wird es beides können: Es sieht die Kosten für ein Ziel und es erkennt die Gründe für einen momentanen Zustand, weil es den Zusammenhang von Ursache und Wirkung, von Einsatz und Ergebnis versteht.

Auf diese notwendige Lernerfahrung gehen wir in Kapitel 3.3.2 noch näher ein.

### (4) Ungerechtigkeit

Wer kennt sie nicht, die großen Krokodilstränen, wenn alle ein Gummibärchen bekommen, außer man selbst. Oder wenn nur vier mitspielen können und man selbst ist der Fünfte. Oder wenn sich die Mutter besonders streng verhält, weil man „die Große" ist. Auf Ungerechtigkeiten, die zum eigenen Nachteil ausfallen, reagieren Kinder meist mit Trauer oder Ärger – ebenso wie viele Erwachsene.

Hier heißt das Lernziel: verstehen und akzeptieren, dass es keine „Gerechtigkeit" gibt, keinen Zustand, bei dem man selbst oder andere nie einen Nachteil zu erleiden hätte. Es wird im Leben stets ungerecht zugehen. Allerdings fällt dies mal zum eigenen Vorteil, mal zum eigenen Nachteil aus.

Ein gutes Beispiel sind Geschwisterstreite. Eltern scheinen hier oft versucht, eine vermeintliche „Gerechtigkeit" künstlich herstellen zu wollen, die weder dort noch sonst wo auf der Welt zu beobachten ist. Günstiger ist es, die Kinder dazu anzuleiten, das Streitthema auf eine sozial verträgliche Weise selbst auszufechten, die jeweiligen Vor- und Nachteile anzuerkennen und gegebenenfalls bei zu großem Machtgefälle moderierend einzugreifen. Ist einer überlegen, wird die Rangordnung festgelegt.

Dies hat zwei Vorteile: Zum einen ist diese Rangordnung in der Regel stabiler als eine künstlich herbeigeführte und muss demzufolge weniger oft neu ausgefochten werden. Zum anderen kann der Unterlegene hier seine Frustrationstoleranz trainieren. Als drei Jahre jüngeres Geschwisterkind wird man eine ganze Weile unterlegen sein. So ist das nun mal – und hier ist Akzeptanz gefragt. Das jüngere Kind zu sein, bringt aber auch eine Menge Vorteile mit sich: weniger Aufgaben im

Haushalt, mehr durch das größere Kind erkämpfte Freiheiten – und es hat eben auch Nachteile, wie alles im Leben.

Das Kind hat hier die Chance zu lernen, zu akzeptieren und daran zu wachsen. Eltern und Erziehende sollten, wenn nötig, tröstend und verständnisvoll da sein und ihm beibringen: „So ist das eben. Es geht immer ungerecht zu, mal zu deinem Vorteil, mal zu deinem Nachteil."

### „Ja, aber ... es könnte doch gerecht zugehen, wenn es nur alle wollten!"

Was genau wäre denn gerecht? Wenn alle auf der Welt genau dasselbe hätten? Der Hawaiianer genauso viele Pullis wie der Norweger? Der 15-jährige Sohn genauso viel zu essen wie der 5-jährige? Auch wenn es Schnitzel gibt und er sich seit einem halben Jahr vegan ernährt? Wie viel Gemüse muss die Mutter für den vegan essenden Sohn einkaufen, damit es „gleich" ist mit dem, was die anderen Kinder im Haushalt bekommen? Und wenn sein biologisch korrekt angebautes Essen doppelt so viel kostet, bekommt er dann nur die Hälfte zu essen? Schon wenn man versucht, mit vier Personen am Tisch zu definieren, was gerecht sein soll, wird man auf große Schwierigkeiten und vier unterschiedliche Meinungen stoßen. Und selbst wenn es gelingt, einen Kompromiss zu definieren, den alle gerecht fänden, wird man dies nicht auf andere übertragen können, ohne dass viele von ihnen wegen der dadurch erlebten Ungerechtigkeit aufschreien.

### „Ja, aber ... wenn sich keiner mehr auf dieser Welt für Gerechtigkeit engagiert und jeder nur noch an sich denkt, wo kommen wir denn dahin?"

In der kindlichen Entwicklung geht es erst einmal darum, dass das Kind akzeptieren lernt, dass der Ist-Zustand, in dem es sich gerade befindet, naturgemäß ein ungerechter ist. Das schließt nicht aus, ihm darüber hinaus zu vermitteln, auch auf andere ihm wichtige Menschen und deren Bedürfnisse zu achten und Rücksicht zu nehmen, oder ihm aufzuzeigen, dass es sich dennoch im Leben Ziele stecken und sich dafür engagieren kann. Hat das Kind zuvor die Lektion zur unvermeidlichen Ungerechtigkeit verstanden, wird es auch weniger frustriert reagieren, wenn es bei seinem Einsatz für eine vermeintlich „bessere" Welt immer wieder auf genau diese trifft. Und es ist dadurch auch besser davor geschützt, unnötig zu resignieren.

### (5) Unsicherheit, Verletzbarkeit und körperlicher Schmerz

Wenn ein Kind die Welt entdeckt, kann es das nicht ohne Risiko tun. Eltern liegt das Wohl ihres Kindes am Herzen und sie würden, wenn irgend möglich, jedes Risiko gern von ihm fernhalten und ihm Sicherheit bieten. Aber was ist das: „Sicherheit"?

Hier tun sich etliche Fragen auf:

- Wie sieht so ein Zustand aus, den man als absolut sicher bezeichnen kann?
- Bedeutet „Sicherheit" die Abwesenheit von jedem Risiko?
- Ist ein solcher Zustand im realen Leben erreichbar?
- Gibt es so etwas wie eine „hundertprozentige Sicherheit"?
- Und falls nicht: Was taugt eine neunundneunzigprozentige Wahrscheinlichkeit, wenn ich doch gern „sicher" wäre?

Wie beim vorher betrachteten Begriff der „Gerechtigkeit" kommen wir auch bei dem der „Sicherheit" zum Ergebnis, dass es sich hierbei um ein Konstrukt, um einen Kunstbegriff handelt. Man kann ihn zwar definieren (so wie man sich auch zu einem „Engel" oder einem „Werwolf" ein Bild machen kann), er lässt sich im normalen Lebensalltag jedoch nicht beobachten.

**Risiken.** Alles im Leben ist mehr oder weniger wahrscheinlich, nie sicher, stets unsicher. Ebenso wie jeder Entscheid ein Risiko birgt, so auch jeder Entscheid für das Nicht-Entscheiden. Mal ist das Risiko kleiner, mal größer, aber niemals auszuschließen.

Nun kann man sich vor diesen unausweichlichen Gefahren des Lebens permanent fürchten. Manche versuchen, sich ständig zu schützen, indem sie möglichst Gefahren und Risiken vermeiden und deswegen auf viele Ereignisse und Situationen verzichten.

Dadurch nehmen sie aber auch weniger am Leben teil und erleben weniger Freude. Und dennoch ist es ihnen nie sicher genug. Die Konsequenzen sind Angst, Angst, Angst ...

Die Alternative lautet: Wäge die Risiken ab. Gehe die ein, die für deine Ziele unerlässlich sind, und akzeptiere diese ebenso wie all die, die unvermeidlich sind.

*Das dreijährige Kind steht sichtlich unsicher vor dem großen Trampolin. Es würde schon sehr gern mit den anderen Kindern hopsen, aber es sorgt sich, dass es hinfällt, sich wehtut oder von einem anderen Kind geschubst wird. Die Eltern können es unterstützen und sagen: „Klar, es kann sein, dass du hinfällst, und vielleicht tust du dir auch weh. Aber wenn du aus Angst davor nicht auf das Trampolin gehst, wirst du nicht so viel Spaß haben wie die anderen Kinder. Du hast dir doch schon oft wehgetan, meistens fandest du es gar nicht so schlimm. Willst du es ausprobieren und soll ich mitkommen und dir zusehen?“*

Keine Lernerfahrung ist frei von Risiken und geht oft auch nicht ohne Schmerzen vonstatten. Um die eigene Glaubwürdigkeit nicht zu gefährden, sollten Erziehende darauf verzichten, Gefahren zu negieren. Rosarot-Aussagen wie z. B.: „Es wird schon nichts passieren!“ oder „Du wirst dir schon nicht wehtun!“ sind deswegen unzweckmäßig. Denn falls das Kind sich dann doch wehtut, wird es diesen Schmerz als angeblich nicht zu erwartende Konsequenz schlechter akzeptieren können und sich womöglich dazu entscheiden, solche neuen Erfahrungen künftig lieber ganz zu lassen.

**Schmerz.** Kinder sollten darin bestärkt werden, dass sie den Schmerz aushalten können und dass er stets ein nicht auszuschließendes Risiko darstellt. Vermitteln Sie ihm, dass unser Körper leider verletzbar ist und dass dies mal mit mehr, mal mit weniger Schmerz einhergehen kann.

Schon bei kleinsten Kindern kann man einen sehr unterschiedlichen Umgang mit Schmerzen oder der Angst vor Schmerzen beobachten. Während die einen eher draufgängerisch barfuß und mit nackten Knien auf allen vieren über kantige Steine klettern, mögen die anderen kaum ihre Hände schmutzig machen. Was in jungen Jahren das blutige Knie ist, entspricht im höheren Alter oftmals dem Umgang mit körperlichen Einschränkungen oder Krankheiten. Wie gut kann der 12-Jährige akzeptieren, dass er aufgrund seines gebrochenen Beines jetzt sechs Monate nicht Skatebord fahren darf? Wie gelassen geht die 20-Jährige damit um, wenn sie ihr Herz stolpern spürt? Wie gut akzeptiert die 30-Jährige das sichtbare körperliche Altern?

**„Ja, aber ... ich kann doch nicht daneben stehen und zusehen, wie mein Kind sich ein Bein bricht!“**

Das allein wäre sicher nicht zielführend. Auch hier geht es wieder um ein Abwägen zwischen Fürsorge und Aufsicht einerseits und dem Fördern von Autonomie, Selbstvertrauen und Mut andererseits. Dem zugrunde liegt die Akzeptanz – auch bei den Erziehenden! – des immer vorhandenen Risikos von körperlichem Schmerz und Gefahren.

Auf die Gefahren des Lebens und des Alltags sind die Kinder am besten vorbereitet, die beizeiten gelernt haben, mit ihnen umzugehen. Dabei können die Erziehenden einen wichtigen Beitrag leisten, indem sie die Kinder ermuntern, neue Erfahrungen zu sammeln, und ihnen dabei zwar mit Rat und Tat zur Seite stehen, sie es aber letztendlich selbst ausprobieren lassen.

> Hat ein Kind gelernt, Unsicherheit, körperliche Verletzbarkeit und Schmerz als Risiko zu akzeptieren, kann es zuversichtlicher auf die Aufgaben des Lebens zugehen und gelassener mit Schmerz und Krankheit umgehen.

### 3.3.2 Eigenverantwortung und langfristiges Planen fördern: „So was kommt von so was“

**Belohnungsaufschub.** In den 60er- und 70er-Jahren untersuchte man in der Marshmallows-Studie (Mischel, 2015) Zusammenhänge und Konsequenzen, die Kinder erfahren, wenn sie erfolgreich gelernt haben, auf eine kleine Süßigkeitsbelohnung zu verzichten, um dafür etwas später eine größere zu erhalten, die ihnen versprochen war. So etwas nennt man „Belohnungsaufschub“. Man fand heraus (ebd.), dass die Kinder, die es schafften zu warten, kompetenter in schulischen und sozialen Bereichen waren als die Kinder, die der Versuchung nicht widerstanden. Wer besser mit dem Belohnungsaufschub, d. h. mit Frustration und Stress, umgehen konnte, zeigte auch eine tendenziell höhere Leistungsfähigkeit.

Neuere Untersuchungen hierzu (Watts et al., 2018) weisen nach, dass dabei die bisherigen Erfahrungen der Kinder einen entscheidenden Einfluss darauf hatten, ob sie warteten oder nicht. Haben sie bislang erlebt, dass sie auch bekommen, was ihnen versprochen wurde, sind sie eher gewillt zu warten. Haben sie aber das Zugesagte häufig nicht erhalten, greifen sie lieber gleich zu. Daraus lässt sich erkennen:

Erfahrene Verlässlichkeit ist ein wesentlicher Faktor, den Kinder benötigen, um Bedürfnisaufschub zu erlernen.

Um zu erkennen, was für einen erfolgreichen Belohnungsaufschub benötigt wird, werden wir zunächst die Begriffe „Eigenverantwortung" und „langfristiges Planen" genauer unter die Lupe nehmen.

## Eigenverantwortung – was ist das?

Um eine altersangemessene Eigenverantwortung des Kindes zu stärken, ist es zunächst nötig, dass der Erziehende die Verantwortung dort erkennen kann, wo sie tatsächlich liegt. Verantworten kann man sinnvollerweise nur Dinge, die in der eigenen Macht liegen, auf die man also tatsächlich Einfluss hat. Schauen wir uns daher zuerst an, worauf eine Person Einfluss hat und wofür sie folglich verantwortlich ist und wofür nicht. Dasselbe gilt dann auch für die Kinder.

Einfluss haben Menschen auf ihr eigenes Denken, Fühlen, Entscheiden und Handeln. Das Denken, Fühlen, Entscheiden und Handeln einer *anderen* Person liegt nicht in ihrer Macht. Man kann allenfalls versuchen, dieser Person mit allen zur Verfügung stehenden Mitteln eine bestimmte Idee schmackhaft zu machen. Aber letztendlich wird sie selbst entscheiden, was sie dazu denkt, wie sie sich fühlt, wie sie sich entscheidet und wie sie handelt. Das gilt auch für Kinder.

Daraus folgt, dass auch das erziehende Verhalten eines Erwachsenen nur ein Vorschlag ist, den das Kind mit einer bestimmten Wahrscheinlichkeit annimmt. Der Erwachsene entscheidet und verantwortet eine bestimmte Form der Erziehung, was das Kind aber aus dem Erziehungsangebot macht, liegt nicht mehr in der Hand der Erziehenden. Bei Geschwisterkindern kann man gut beobachten, dass sie selten zum gleichen „Erziehungsergebnis" kommen, obwohl sie in ähnlichen bis gleichen Bedingungen aufwachsen. Es ist also immer das Kind, das entscheidet, ob es sich an eine Regel hält oder nicht.

Die Verantwortung für das Aufstellen und das Vermitteln von Regeln liegt beim Erziehenden, nicht aber, ob sich das Kind daran hält.

Wer dies akzeptiert, erspart sich unnötige Machtkämpfe an den falschen Stellen und unterstützt sein Kind wesentlich im Erlernen von Eigenverantwortung. Dies funktioniert besonders dann, wenn das Kind lernt, dass dessen Entscheid (z. B. die vermittelte Regel einzuhalten oder nicht) mit bestimmten Konsequenzen verbunden ist, die die Erziehenden vorher vermittelt haben und danach konsequent (!) einhalten.

> Hat ein Kind hinreichend Eigenverantwortung gelernt, wird es eher in der Lage sein, sich für Handlungen zu entscheiden, die dem Erreichen seiner Ziele dienen, und dafür, die hierzu notwendige Einsatzbereitschaft aufzubringen.

## Langfristiges Planen – was ist das?

Langfristiges Planen befasst sich – wie alles Planen – mit der Zukunft, z. B. damit, welche Konsequenzen heutiges Verhalten künftig hat und welches Verhalten heute notwendig ist, um erwünschte Ziele zu erreichen.

Ein solches „Über-den-Tellerrand-Blicken“ lässt sich bereits in frühen Jahren üben. Wenn Kinder lernen, für ein bestimmtes Ziel die dafür notwendige Einsatzbereitschaft aufzubringen und das Notwendige für das Verfolgen ihrer Ziele zu tun, können sie bereits in jungen Jahren selbst ihre langfristige Lebensfreude maximieren. Dies stellt einen wesentlichen Entwicklungsschritt dar: weg vom angeborenen kurzfristigen Hedonismus („Es soll mir *jetzt* gut gehen!“) und hin zum langfristigen Maximieren der Lebensqualität.

Hierbei lernt das Kind, den Zusammenhang von Ursache und Wirkung, von Input und Output zu verstehen, und dass „so was von so was kommt“.

So wird es auch begreifen, dass es im Leben langfristig nichts ohne Einsatz oder Gegenleistung gibt, dass es etwas tun muss, wenn es etwas haben möchte. Und dass es sehr wahrscheinlich nichts bekommt, wenn es nichts oder zu wenig dafür getan hat: „Von nix kommt nix“.

Dabei müssen wir sinnvollerweise unterscheiden zwischen den Zielen, die ein Fünfjähriger, ein Zehnjähriger oder ein 15-Jähriger in angemessener Weise verfolgen kann. Aber auch wenn oder gerade weil es im Kleinkindalter noch nicht um die ganz großen Ziele des Lebens geht, ist es umso wichtiger, bereits jetzt den Aufbau von Eigenverantwortung und langfristigem Planen zu fördern und zu fordern. Denn auch hier gilt: Lieber gleich sinnvoll gelernt, als später mühsam umgelernt.

Um langfristig denken zu können, bedarf es also einiger gedanklichen Voraussetzungen: Ziele festlegen, antizipieren (Konsequenzen voraussehen), prognostizieren (auf Zukünftiges schließen) und planen.

(1) **Ziele festlegen.** Das Kind lernt: Wenn ich mich für ein Ziel entscheide, muss ich unter Umständen auf andere Ziele zu diesem Zeitpunkt oder gänzlich verzichten. Das gewählte Ziel sollte seinem Geschmack entsprechen und es muss ihm wichtig sein, denn sonst wäre es nicht bereit, dafür Einsatzbereitschaft aufzubringen. Das Ziel sollte zudem konkret formuliert und prinzipiell mithilfe der eigenen Fähigkeiten erreichbar sein.

(2) **Konsequenzen voraussehen.** Hier geht es darum, wahrscheinliche Ergebnisse von Handlungen in bestimmten Situationen und bei bestimmten Personen erkennen zu lernen. Das Kind lernt hierfür, Ideen zu entwickeln, was es für es selbst bedeutet, wenn es das Ziel erreicht – und was es für es selbst bedeutet, wenn es das Ziel nicht erreicht. Das Ziel sollte reizvoll sein und ein Nichterreichen als Verlust empfunden werden.

(3) **Auf Zukünftiges schließen.** Dabei wird das Kind auch lernen, die Wahrscheinlichkeiten von Konsequenzen aufgrund bestimmter Entscheide und Handlungen einzuschätzen: Welche Konsequenzen hat das für mich? Wie werden andere darauf reagieren? Will ich das?
Zudem wird das Kind lernen abzuschätzen, wie viel Einsatz nötig ist, um die Wahrscheinlichkeit zu erhöhen, das gesetzte Ziel zu erreichen.

(4) **Planen.** Das Kind lernt, die zum Verfolgen seiner Ziele notwendigen Handlungen auszuwählen und festzulegen: Was muss ich in welcher Reihenfolge tun, um mein Ziel zu erreichen?

Je jünger ein Kind ist, desto mehr direkte Anleitung braucht es für langfristiges Planen. Nachstehend ein Beispiel für ein vierjähriges Kind, das noch bei allen Schritten ein anleitendes Modell benötigt.

***Schritt 1:*** ***Ziele festlegen.*** *Mutter: „Heute ist Silvester. Du bist jetzt alt genug, um heute Abend länger aufzubleiben, mit uns zu feiern und dem Feuerwerk zuzuschauen. Möchtest du das gern?“*

***Schritt 2:*** ***Konsequenzen voraussehen.*** *Mutter: „Du machst ja schon eine Weile keinen Mittagsschlaf mehr, weil du ihn normalerweise nicht mehr brauchst. Aber wenn du heute Abend länger aufbleiben möchtest als sonst, musst du einen Mittagsschlaf machen. Sonst wirst du zu früh müde und dich vielleicht quengelig verhalten. Dann werden wir dich ins Bett stecken oder du wirst* *sogar selbst lieber schlafen wollen. Unsere Party, das leckere Essen und die tollen Raketen würdest du dann verpassen."*

**Schritt 3: *Auf Zukünftiges schließen.*** *Mutter: „Was meinst du, schaffst du es, heute Mittag zu schlafen, und glaubst du, dass du dann lange wach bleiben kannst?"*

**Schritt 4: *Planen.*** *Mutter: „Gut, dann könnten wir es so machen: Nach dem Mittagessen suchst du dir schon einmal ein Buch aus und bereitest dir dein Bett gemütlich vor. Anschließend kann ich dir eine Geschichte vorlesen und dann machst du deinen Mittagsschlaf. Einverstanden?"*

Bei einem achtjährigen Kind nimmt das Modell eine fragende Rolle ein, leitet nicht mehr direkt an, sondern fördert die Selbsterkenntnis.

**Schritt 1: *Ziel festlegen.*** *„Möchtest du mit der Gruppe von deinem Flötenlehrer zum Weihnachtskonzert auf die Ritterburg und dort zusammen auftreten?"*

**Schritt 2: *Konsequenzen voraussehen.*** *„Was hat dein Lehrer denn gesagt, wann da jemand mitmachen darf und wann nicht? Wie viel müsstest du denn noch üben, um dabei sein zu dürfen?"*

**Schritt 3: *Auf Zukünftiges schließen.*** *„Was meinst du, wenn du so weiterübst wie bisher, wird das dann dafür reichen oder vielleicht eher nicht?"*

**Schritt 4: *Planen.*** *„Wie könntest du dein Üben in der Woche so einplanen, dass du genug üben kannst, um dann wahrscheinlich auch mitfahren zu dürfen?"*

### Wie vermittelt man Eigenverantwortung und langfristiges Planen?

Schon ein einjähriges Kind kann mithilfe einer Bezugsperson beginnen zu begreifen, dass jedes Handeln eine Konsequenz hat. Je deutlicher man diese Konsequenz herausstellt und das Kind erleben lässt, desto lehrreicher ist es für das Kind. Denn so wird es lernen abzuwägen, ob es sich für die eine oder andere Alternative entscheiden soll, je nachdem, welche Konsequenzen es vermeiden und welche es erreichen möchte.

All dies basiert auf Belohnungsprinzipien unseres Gehirns, das menschliches Lernen so effektiv macht: Das Verhalten, mit dem wir positive Konsequenzen erreichen, werden wir wiederholen. Erleben wir unangenehme Konsequenzen, unterlassen wir dieses Verhalten künftig.

**Konsequenz in der Erziehung.** Erziehende sollten sich deshalb trauen, ihr Kind positive wie negative Konsequenzen erleben und aushalten zu lassen. Oft müssen Erziehende diese Konsequenzen selbst gestalten, indem sie Belohnungs- und gegebenenfalls auch Bestrafungsregeln für bestimmte Verhaltensweisen nachvollziehbar *und* berechenbar für ihr Kind aufstellen. Manche Erziehende fürchten, zu streng oder zu hart zu sein und ihrem Kind dadurch zu schaden. Hier gilt, dass Strenge an sich kein Problem für Kinder darstellt, solange diese

(a) die Regeln vorher kennen und
(b) die Möglichkeit haben, die negativen Konsequenzen zu vermeiden.

**Umsetzungsprobleme.** Manche Eltern erleben das Aufstellen, Einhalten und Umsetzen von Regeln selbst als sehr mühsam und anstrengend und neigen dann im Erziehungsalltag zum Nachgeben, weil sie es in diesem Moment selbst leichter haben möchten. Wenn Erziehende aber nun – sei es aus Sorge, etwas falsch zu machen, oder sei es aus Bequemlichkeit – auf Regeln und Konsequenzen verzichten, verpasst das Kind eine wichtige Lernerfahrung. Im ungünstigen Fall zieht es daraus die unsinnige Lehre, dass es sein Ziel erreicht, auch ohne Regeln einzuhalten und ohne etwas dafür tun zu müssen. Dieses Prinzip der „Konsequenzlosigkeit" gilt aber allenfalls in der eigenen Familie. Außerhalb dieser wird das Kind mit dieser Einstellung auf negative Konsequenzen stoßen und mit Schwierigkeiten konfrontiert. Und es wird – im Vergleich zu anderen Kindern – erst spät merken, dass es mit dieser Strategie eigene Ziele nicht erfolgreich verfolgen kann.

Kinder nehmen keinen Schaden, wenn sie aufgrund einer erlebten Frustration weinen. Sie weinen dann aus Trauer oder Ärger. Dafür können Erziehende Verständnis zeigen („Ich weiß, dass du das jetzt so gern gehabt hättest.") und dennoch bei ihrem Entscheid bleiben. Jedes Kind weist ein unterschiedliches Temperament auf. Das eine protestiert, weint und schreit länger und/oder lauter als das andere. Den Erkenntnisgewinn, dass sie das Ersehnte dadurch dennoch nicht bekommen, haben aber alle irgendwann, falls die Bezugspersonen diese Reaktionen aushalten und klar und konsequent bei den vereinbarten Konsequenzen bleiben.

*Pepe, eineinhalb Jahre alt, soll verstehen, dass er nicht jedes Spielzeug haben kann, wenn er es möchte, z. B. dann nicht, wenn sein älterer Bruder bereits damit spielt.*

*Nun sollten Erziehende nicht vom älteren Kind erwarten, dass es nachgibt. Das wäre zwar kurzfristig der angenehmere Weg: Der große Bruder macht weniger Ge-*

*schrei und das Problem wäre gelöst. Pepe hätte jedoch dadurch gelernt: „Protestier nur laut und anhaltend genug, dann bekommst du deinen Willen!"*

*In ruhigen, knappen, klaren Worten wird der Erziehende Pepe ansprechen: „Nein, damit spielt jetzt dein Bruder. Du kannst dir ein anderes Auto nehmen. Wollen wir dir ein Auto suchen?"*

*Luisa, fünf Jahre alt, soll lernen, dass sie Dinge, an denen sie Spaß und Freude hat, manchmal nur dann tun kann, wenn sie zuvor eine bestimmte Anstrengung erbracht hat.*

*So haben ihre Eltern z. B. die Regel aufgestellt, dass sie am Abend nur dann eine zehnminütige Kindersendung anschauen darf, wenn sie sich zuvor selbstständig ausgezogen, Zähne geputzt und ihre Haare gekämmt hat, auf die Toilette gegangen ist, sich hat duschen lassen und anschließend alleine ihren Schlafanzug angezogen hat.*

*Bei einzelnen Schritten braucht Luisa ab und an noch Unterstützung, die ihr die Eltern dann auch geben. Sie haben aber Luisa erklärt, dass sie die Sendung nicht anschauen darf, wenn sie die verabredeten Dinge nicht macht. Auch auf einen angemessenen Zeitrahmen achten die Eltern dabei.*

*Niklas, neun Jahre alt und in der dritten Klasse, soll lernen, elektronisches Spielzeug in einem angemessenen Rahmen nach den Vorstellungen der Eltern zu nutzen. Außerdem möchten sie, dass er lernt, dass dieses Spielzeug nicht unbegrenzt und einfach verfügbar ist, sondern dass er dafür auch etwas tun muss.*

*Die Eltern koppeln dazu den Gebrauch des Spielzeugs an bestimmte Pflichten: Zum einen soll Niklas zuvor seine Hausaufgaben selbstständig machen. Hat er eine Frage, kann er sich an seine Eltern wenden. Hat er die Aufgaben erledigt, soll er sie den Eltern zeigen. Sofern notwendig, gleichen diese die Aufgaben noch ab mit den Einträgen im Hausaufgabenheft. Zum anderen soll er seinen Schulranzen für den Folgetag vorbereiten. Ist dies erledigt, kann er an diesem Tag für 30 Minuten ein elektronisches Spiel seiner Wahl nutzen.*

*Bummelt Niklas bei den Hausaufgaben und den Vorbereitungen, sodass die für ihn frei verfügbare Zeit schrumpft, weil beispielsweise ein Zahnarzttermin oder das Abendbrot ansteht, muss er auf einen Teil seiner Spielzeit verzichten.*

Eigenverantwortliches Handeln geht mit dem Wissen um bestimmte Regeln (zuerst die der Familie, später die der Kita, der Schule, des Freundeskreises, des Arbeitsgebers, der Kollegen, der Gesellschaft usw.) und mit der Fähigkeit einher, sich den eigenen Zielen entsprechend für oder gegen diese Regeln zu entscheiden und die daraus folgenden Konsequenzen zu akzeptieren.

## Wozu brauchen Kinder Regeln?

Schauen wir einmal, wozu es überhaupt sinnvoll ist, Regeln für Kinder aufzustellen. Auch wenn die Welle der antiautoritären Erziehungsmodelle mittlerweile stark abgeebbt ist, hat sie doch einen deutlichen Einfluss bei manchen Erziehenden hinterlassen: Sie betrachten Kinder gern als „kleine Erwachsene", die in ihrer Persönlichkeit an sich schon fertig entwickelt sind und die sich ungestört entfalten sollten. Man bevorzugt eine Beziehung „auf Augenhöhe", in der jeder Entscheid mit dem Kind demokratisch ausgehandelt wird.

Das Erziehen soll dabei ohne Vorgaben der Erwachsenen, ohne zu reglementieren, ohne zu bestrafen stattfinden, stattdessen mit Loben, pauschalem und ständigem Wertschätzen und mit Belohnen. Es gilt die Botschaft: „Du darfst so sein, wie du bist, und wirst um deiner selbst willen geliebt" oder „Tu das, was du schon kannst, und du wirst erfolgreich sein".

Die Haltung ist jedoch wenig realitätsnah. Dies merken die Kinder allerdings meist erst, wenn sie auf die Realität stoßen, die außerhalb ihrer Familien herrscht. Denn hier gelten Regeln und es folgen Konsequenzen bei regelwidrigem Verhalten – egal, ob wir diese Regeln schätzen oder die Sanktionen für angemessen halten oder nicht.

Es gibt soziale Regeln, nach denen Gruppen in der Kita, der Schule, im Freundeskreis, im Kollegenkreis usw. funktionieren. Es gibt gesellschaftliche Regeln, nach denen Kindergärten und Schulen funktionieren. Es gibt wirtschaftliche Regeln, nach denen die Ausbildungs- und Arbeitswelt funktionieren.

Häufig widersprechen sich Regeln auch und man kommt dann nicht darum herum, manche davon zu brechen.

Das Ziel besteht daher nicht darin, Kinder dazu zu bewegen, sich an alle möglichen Regeln zu halten, nie aufzubegehren oder nie eigene, abweichende Ziele zu verfolgen. Sie sollten stattdessen lernen, über die möglichen Konsequenzen eines Regelbruchs nachzudenken und die Vor- und Nachteile abzuwägen.

So lernen Kinder, dass sie – innerhalb ihrer Möglichkeiten – jederzeit gemäß ihrer eigenen Ziele entscheiden können, dass diese Entscheide aber nicht kostenfrei sind, sondern Konsequenzen nach sich ziehen: „So was kommt von so was."

Hat ein Kind gelernt, die Konsequenzen regelkonformen und regelverletzenden Verhaltens einzuschätzen und im Hinblick auf die eigenen Ziele abzuwägen, ist es maximal flexibel in seinem Entscheiden und Handeln. Es wird Regeln dann akzeptieren, wenn sie – gemessen an den eigenen Zielen – sinnvoll erscheinen. Und es entscheidet sich gegen das Einhalten der Regel, wenn dies – gemessen an den eigenen Zielen – unsinnig erscheint und sie bereit sind, die Konsequenzen des Regelbruchs zu (er)tragen.

## Konsequenz in der Erziehung

Haben sich Eltern und Erziehende für die für sie passenden Regeln entschieden, sollten sie dafür sorgen, dass diese langfristig tauglich sind und beständig angewendet werden. Täglich wechselnde Regeln verwirren Kinder. Sie wissen dann nicht, woran sie sich halten sollen, und werden keinen Sinn im Einhalten solcher Regeln erkennen, die mal zu der einen, mal zu der anderen Konsequenz führen. Sie werden sich also auch dann nicht daran halten, wenn es den Erziehenden wichtig ist.

Es sollte zudem geprüft und ausgewählt werden, welche Regeln für die Familie, die Kita-Gruppe, die Schulklasse usw. zu einer bestimmten Zeit am wichtigsten sind, um sich auf die dort geltenden unterschiedlichen Regeln einstellen zu können.

**Motivationsprinzipien.** Damit ein Kind lernt, ein bestimmtes Verhalten zu lassen oder zu zeigen, werden Konsequenzen festgelegt, die das Kind für das Verlangte animieren – entweder als lockende Belohnung oder als abschreckende Strafe.

Hat ein Kind bereits hinreichend langfristiges Planen und Bedürfnisaufschub gelernt, sodass es für eine mögliche Belohnung das gewünschte Verhalten zeigt – weiter so.

In den meisten Fällen aber werden die Erziehenden merken, dass ihr Auffordern allein nicht fruchtet. Menschen orientieren sich von Natur aus und von Geburt an, wie wohl die meisten Lebewesen, an kurzfristiger Bedürfnisbefriedigung. Eine mögliche Belohnung in ferner Zukunft interessiert sie nicht, wenn sie dafür *jetzt* auf etwas Angenehmes verzichten (z. B. weiterspielen) oder etwas Unangenehmes tun müssten (z. B. aufräumen).

Wenn ein Kind nicht das gewünschte Verhalten zeigt, hilft meist nur eines: Es muss dadurch unangenehme und unbequeme Konsequenzen erfahren. Oftmals reicht es dazu nicht aus, eine in Aussicht gestellte Belohnung zu streichen, wenn es das Geforderte nicht tut. Häufig ist es erforderlich, zusätzlich bestrafende negative Konsequenzen einzuführen. Welche das sind, ist individuell verschieden und hängt von den Normen der Erziehenden und den jeweiligen Zielen des Kindes ab.

*Ein Vater sagt zu seiner vierjährigen Tochter: „Ich habe dich jetzt bereits zweimal aufgefordert, dich anzuziehen. In fünf Minuten fahren wir in den Kindergarten. Wenn du es jetzt nicht sofort tust und nicht aufhörst zu spielen, dann schaffst du es nicht mehr rechtzeitig und fährst dann so, wie du bist."*

*Oder: „Ich habe dich jetzt bereits zweimal aufgefordert, dich anzuziehen. In fünf Minuten fahren wir in den Kindergarten. Wenn du es jetzt nicht sofort tust und nicht aufhörst zu spielen, dann nehme ich dir das Spielzeug erst einmal weg. Du wirst dann den ganzen Tag nicht mehr damit spielen dürfen."*

Einzig wichtig ist, dass die (sofort eintretenden!) negativen Konsequenzen den Kindern so viel bedeuten, dass sie bereit sind, das geforderte Verhalten zu zeigen, um die unerwünschten Konsequenzen zu vermeiden.

Die Konsequenzen sollten zuvor deutlich festgelegt und ausgesprochen werden und – besonders wichtig – die Erziehenden sollten bereit sein, sie konsequent umzusetzen. Andernfalls hieße die gelernte Lektion: „Drohende Konsequenzen muss man nicht wichtig nehmen. Die treten sowieso nicht ein." Das wäre ein fataler Irrglaube, den die Kinder leider erst dann erkennen und teuer bezahlen, wenn sie den Familienverband verlassen.

*Luca, acht Jahre alt, dritte Klasse, findet seine Eltern ziemlich cool. Er streitet sich zwar auch oft mit ihnen, wenn sie etwas von ihm wollen, wozu er keine Lust hat. Aber meistens geben sie dann nach und lassen ihn machen. Er ist ja schließlich auch schon in der dritten Klasse. Man soll ihn bloß nicht behandeln wie ein Baby. Er weiß schon selbst, was richtig ist. Und wenn er auf etwas keinen Bock hat, braucht er es auch nicht zu tun. Er diskutiert dann entweder so lange mit seinen Eltern, bis die total genervt sind, oder er fängt an, wütend rumzuschreien und Türen zu schlagen.*

*Die Lehrer in der Schule findet er sehr oft sehr ungerecht. Die haben immer was zu meckern. Und nur weil er mal die Hausaufgaben nicht gemacht hat, geben sie ihm gleich einen Eintrag oder sogar eine schlechte Note! Sauerei! Die Klassenlehrerin meinte auch schon, dass er es nicht auf das Gymnasium schaffen werde, wenn er sich nicht stärker anstrenge. Die spinnt wohl! Alle seine Freunde werden auf das Gymnasium wechseln – und er auch, basta.*

*Auch sein Fußballtrainer stellt sich manchmal total bescheuert an. Nur weil Luca mal ein paar Minuten zu spät kommt, lässt er ihn gleich auf der Bank sitzen. Frechheit!*

Kinder, die auf diese Weise schon eine Weile erfolgreich ihren Willen durchgesetzt haben, werden nicht so schnell umlernen. Hier müssen die Erziehenden genau prüfen, was dem Kind so viel bedeutet, dass es sich von seinem kurzfristigen hedonistischen Denken und Handeln abbringen lässt. Haben die Eltern bereits oft nachgegeben, statt konsequent bei ihrer Aufforderung und den angekündigten Konsequenzen zu bleiben, wird das Kind annehmen, dass „sie es eh nicht ernst meinen", und dem Geforderten nicht nachkommen und ggf. die Bereitschaft der Eltern, die angekündigte Konsequenz auch wirklich zu ziehen, bis auf das Äußerste testen.

*Eigentlich gilt für Eddie (sieben Jahre alt, zweite Klasse) die Regel, dass er zuerst die Hausaufgaben erledigen und seinen Ranzen für den nächsten Tag vorbereiten muss, bevor er mit dem Handy spielen darf. Auf Hausaufgaben hat er jetzt aber keine Lust. Er will mit seinen Freunden „zocken". Also geht er zu seiner Mutter, die sein Handy hat, und fragt: „Kann ich bitte, bitte mal nur ganz kurz das Handy haben? Ich mach dann auch gleich weiter mit den Hausaufgaben!"*

*Die Mutter verneint, innerlich stöhnend, weil sie schon ahnt, dass es damit nicht getan sein wird. Sie ist erschöpft vom Arbeitstag und hat sich gerade hingesetzt, um in Ruhe ihren Kaffee zu trinken. Eddie insistiert: „Aber alle meine Freunde dürfen JETZT spielen. Nachher sind die nicht mehr online, dann machen die ihre Hausaufgaben, das kann ich doch auch so machen. Bitte, Mama!"*

*Die Mutter verneint wieder. Eddie: „Du bist so gemein, alle anderen Mütter erlauben das! Die sind viel cooler als du!" und „Morgen steh ich als einzig Blöder da, der nicht dabei war und keine Ahnung hat. Da kann ich gleich zu Hause bleiben, da brauch ich mich nicht mehr blicken zu lassen! Alles nur wegen dir!"*

*Die Mutter beginnt zu erklären und um Verständnis zu werben. Umsonst. Eddie: „Ich mache hier gar nichts mehr. Die Hausaufgaben sind mir völlig egal! Ist mir doch wurscht, wenn ich die nicht mache!"*

*Die Mutter ist müde, am liebsten würde sie nachgeben. Dann hätte sie ihre Ruhe. Und Eddie hätte wieder gute Laune und wäre nicht so sauer auf sie. Aber sie ahnt, dass es dann beim nächsten Mal noch schwerer wird. Also rappelt sie sich auf, stellt sicher, dass Eddie ihr gut zuhört, und sagt mit fester und klarer Stimme: „Du kennst unsere Regeln. Du hast jetzt zwei Möglichkeiten: Entweder du hörst sofort auf zu meckern, machst deine Hausaufgaben und es bleibt dir vielleicht vor dem Abendessen noch etwas Zeit, um mit dem Handy zu spielen. Oder du diskutierst hier weiter. Das Handy bekommst du dann auf keinen Fall und ich werde es für den Rest der Woche einbehalten. Entscheide dich jetzt."*

*Sie wird dies maximal zweimal wiederholen. Beruhigt Eddie sich nicht, lässt er sich nicht auf die Forderung der Mutter ein und versucht er, weiter zu diskutieren, legt sich die Mutter auf die zweite Möglichkeit fest: „Ich habe dir gesagt, dass ich dir das Handy für die gesamte Woche wegnehme, wenn du dich nicht an meine Forderung hältst, deine Hausaufgaben jetzt zu machen, und stattdessen immer weiter mit mir diskutieren willst. Das gilt nun. Wenn du ab jetzt und für die nächsten Tage deine Hausaufgaben selbstständig und ohne großes Geschimpfe erledigst und deine Schulsachen vorbereitest, einschließlich der Hausaufgaben für den Montag, kannst du dann am Sonntag dein Handy wieder nutzen."*

In all unseren Beispielen geht es weder um die Art und Weise, wie ein Handy genutzt, wie Hausaufgaben erledigt werden oder welche Regeln Eltern durchsetzen sollten, sondern es geht uns um die oben beschriebene Problematik, wie Erziehende ihren Kindern beibringen können, sich gemessen an ihren Zielen langfristig sinnvoll zu entscheiden. Dabei gilt es, Konsequenzen abzuwägen und zu ertragen, auf unmittelbar Angenehmes zugunsten langfristiger Gewinne zu verzichten.

Kinder sollten nicht nur gefördert, sondern auch gefordert werden. Erziehung sollte dabei als hierarchische Beziehung verstanden werden, in der die Erwachsenen führen und dafür die Verantwortung übernehmen. Sie wählen die Regeln aus, die nach ihrem Empfinden in ihrer Familie gelten sollen. Sie legen die Konsequenzen fest, die das Einhalten oder das Nichtbeachten der Regeln nach sich ziehen soll.

Und sie setzen sie konsequent um. Damit dürfen Kinder auch Kinder sein, die keine Verantwortung für etwas übertragen bekommen und nichts entscheiden müssen, was zu diesem Zeitpunkt über ihre emotionalen und kognitiven Fähigkeiten hinausginge. Sie dürfen sich an den Erziehenden orientieren und sich durch deren Führung und Zuwendung geborgen und sicher wähnen – eine Grundvoraussetzung für eine kindgerechte Entwicklung.

### 3.3.3 Motivation fördern: „Von nix kommt nix"

**„Wie motiviere ich ein Kind dazu, Dinge zu tun, die es furchtbar anstrengend, langweilig und lästig findet?"**

Die Antwort auf diese Frage kennen wir nun bereits: Das Kind muss sich vom kurzfristigen zum langfristen Hedonisten entwickeln. Dazu muss es lernen, kurzfristig etwas Anstrengendes, Langweiliges oder Lästiges in Kauf zu nehmen, um langfristig an sein Ziel zu kommen.

Hierfür wird es den Kindern, die bereits Bedürfnisaufschub und langfristiges Planen gelernt haben, reichen, dass man einen positiven Anreiz setzt, für den sie die kurzfristige Mühe in Kauf nehmen. Alle anderen lernen am besten zunächst diese beiden wichtigen Voraussetzungen: Bedürfnisaufschub und langfristiges Planen.

Erziehende sollten für eine unmittelbare negative Konsequenz sorgen, wenn ihr Kind nicht die (von ihm lösbare!) vereinbarte Aufgabe umgesetzt hat. Dabei ist besonders wichtig, dass die Konsequenz unmittelbar und sofort erfolgt. Nur so kann das Kind einen Zusammenhang herstellen zwischen seinem aufschiebenden Verhalten und der als unangenehm empfundenen Konsequenz.

*Am Ende des Tages darf Marie (vier Jahre) üblicherweise noch eine Kindersendung schauen, bevor sie sich fürs Schlafengehen fertig macht – unter der Voraussetzung, dass sie zuvor ihr Zimmer aufgeräumt hat. Ihr Vater stellt nun fest: „Ich habe dich jetzt dreimal aufgefordert, dein Zimmer aufzuräumen. Du hast es nicht gemacht. Ich erlaube dir heute keine Kindersendung."*

*Es folgen: großes Drama und großer Protest. Der Vater: „Da brauchst du nicht weiter zu schimpfen. Du kennst die Regel, du hast nicht aufgeräumt und daher gibt es heute keine Sendung für dich. Du hast jetzt zwei Möglichkeiten: Entweder du räumst jetzt noch schnell auf, machst dich bettfertig und dann lesen wir noch (wie üblich) zusammen eine Gute-Nacht-Geschichte. Oder du schimpfst und schreist weiter, dann gehst du gleich ins Bett, ohne Geschichte, so wie du bist, in deinem unaufgeräumten Zimmer. Was möchtest du tun?"*

*Je nach Maries Ausdauer wird der Vater diese Ansage ggf. wiederholen müssen, ohne sich dabei jedoch auf eine Diskussion der Regel selbst einzulassen. Schafft das Kind es nicht, sich auf das Angebot einzulassen, d. h., diskutiert es immer weiter, schreit oder weint – dann wird die Elternperson die Entscheidung treffen und Variante zwei in aller Konsequenz umsetzen.*

Erfolgt die negative Konsequenz erst später („Dann darfst du morgen nicht mit ins Kino."), erlebt das Kind im Moment des Aufschiebens erstmal nur ein positives Gefühl wegen der Entlastung (die umgangene anstrengende Aufgabe). In seinem Gehirn ist das Belohnungszentrum aktiviert und es sieht sich einmal mehr darin bestätigt, dass man jeglicher Mühe aus dem Weg gehen sollte. Nach dem kurzfristigen hedonistischen Motto: „Was kümmert es mich heute, wenn ich morgen nicht ins Kino darf, solange es mir *jetzt* gut geht?"

Schon ab etwa einem Lebensjahr ist ein Kind in der Lage, den Zusammenhang aus seinem Verhalten und der Reaktion anderer darauf bewusst zu begreifen und danach sein Handeln anzupassen. Und je früher es beginnt zu lernen, dass „so was von so was kommt", desto leichter wird es für das Kind und später für den Erwachsenen, darauf zu achten, seine langfristige Lebenszufriedenheit zu maximieren.

### „Ja, aber ... so erziehe ich ein Kind doch zu einem Roboter, das nur tut, was ich will!"

Ein Kind wird naturgemäß nie nur das tun, was Erwachsene von ihm wollen. Selbst in der strengsten Erziehung wird es seine Lücken finden und nutzen. Es obliegt jedem Erziehenden selbst und eigenverantwortlich festzulegen,

- wie viele und welche Regeln aufgestellt werden
- wie viele Anforderungen an ein Kind gestellt werden und
- wie stark die Konsequenzen bei Nichteinhalten der Regeln sind.

Die Regeln selbst sind dabei abhängig von den individuellen Normen, Werten und Moralvorstellungen der Erziehenden. Wir möchten daher keine einzelnen Erziehungsaufgaben oder Regeln hier benennen, sondern wollen aufzeigen, *wie* Erziehende diese vermitteln können, damit sie fruchten.

# 4. Mutige Kinder – Zuversicht und Lebensmut fördern

Im zweiten Kapitel über die selbstsicheren Kinder trafen wir bereits auf die Fähigkeit, sich etwas zu trauen. Auch hier soll es um die Fähigkeit gehen, sich etwas im Leben zu trauen – mit all den damit verbundenen Unsicherheiten und Risiken. Dieses Zutrauen können wir bei Kindern in vielfältiger Form beobachten, zum Beispiel wenn sie

- sich altersangemessen von ihren Bezugspersonen lösen und ihr Umfeld in immer größer werdenden Umkreisen erforschen
- Wege finden, trotz aller Hexen, Monster und Dunkelheit in ihrem Bett zu schlafen
- Dinge ausprobieren, auch wenn sie wissen, dass ihnen dabei etwas geschehen kann
- Unsicherheiten tolerieren.

**Mut.** Um riskante Dinge zu tun, braucht man Mut. Aber was ist das eigentlich? Ein Gefühl? Eine Eigenschaft? Ein Verhalten? Eine Einstellung? Ist Mut angeboren oder erlernt? Ist Mut die Abwesenheit von Angst?

Mut lässt sich am ehesten beschreiben als Bereitschaft, etwas zu wagen, dessen Ausgang unsicher ist. Dabei steht eine positive Konsequenz in Aussicht, d. h., es gibt etwas zu gewinnen, zum Beispiel das Erreichen eines Ziels und das Erleben positiver Gefühle. Aber es drohen mit einer gewissen Wahrscheinlichkeit auch negative Konsequenzen, zum Beispiel das Scheitern und damit negative Gefühle, eventuell ein Verlust, körperlicher Schmerz oder gar der eigene Tod. Diese Wagnis- oder Risikobereitschaft basiert also auf dem Abwägen von möglichen positiven und negativen Konsequenzen eines Handelns.

> Mutig nennen wir jemanden, der seine Ziele verfolgt, obwohl er dabei Angst verspürt. Mut gibt es also nicht ohne Angst.

So würden wir jemanden, der angstfrei etwas Gefährliches tut, ohne die Gefahr zu erkennen, nicht mutig nennen, sondern womöglich naiv oder dumm.

**Risikobereitschaft.** Aber wovon hängt es nun ab, ob ein Kind mehr oder weniger risikobereit ist? In erster Linie von seinen Lernerfahrungen.

Je mehr „Sicherheit" ein Kind benötigt und fordert, desto weniger risikobereit wird es sich verhalten.

Jetzt fragen sich vielleicht einige Erziehende: „Und? Wo ist da jetzt das Problem?" Dazu eine Gegenfrage: Kennen Sie einen Bereich im Leben, einen Umstand, einen Ort oder eine Situation, die *ganz und gar* sicher sind, frei von allen Risiken? Nach reiflichem Überlegen werden die meisten feststellen, dass „Sicherheit" oder „Risikofreiheit" im Alltag leider nirgends und nie vorkommt. Diese Begriffe beschreiben Zustände, die wir in der Realität nicht finden. Oder anders gesagt: Das Leben ist von Geburt an durch und durch unsicher und endet früher oder später mit dem Tod (siehe auch Kap. 3.3.1). Manche Risiken können wir zwar in ihrer Eintrittswahrscheinlichkeit beeinflussen, zum Beispiel wenn jemand Fahrrad nur mit Helm fährt, senkt er das Risiko, bei einem Unfall eine schwere Kopfverletzung zu erleiden. Er kann sie dadurch aber nicht ausschließen. Anderen Gefahren stehen wir machtlos gegenüber, z. B. Naturgewalten, Unfällen, Krankheiten oder Verletzungen durch andere.

Je älter Kinder werden, desto klarer können sie Risiken erkennen und einschätzen. Gut für die, die dann bereits gelernt haben, Risiken zu tolerieren, ohne sich jedes Mal unnötig stark zu ängstigen.

Kinder sollten lernen, Unsicherheiten schrittweise zu tolerieren, um nicht später unter unnötig belastender Angst zu leiden.

Bei „Angst" wissen wir schon aus Kapitel 1, dass es sich hierbei um ein Gefühl handelt. Doch wann ist Angst unnötig? Wann ist sie sinnvoll? Wie viel davon? Wann nützt Angst, wann schadet sie? Auf all diese Fragen gehen wir im folgenden Abschnitt ein.

## 4.1 Angst

Neben den anderen uns bekannten Gefühlen nimmt Angst eine Sonderstellung ein, denn sie bezieht sich ausschließlich auf die Zukunft. Angst empfinden Menschen dann, wenn sie sich um etwas Zukünftiges sorgen und bestimmte Befürchtungen hegen. Das, worum es sich dabei dreht, ist zu dem Zeitpunkt, in dem sich eine Person ängstigt, noch nicht eingetreten.

**Bewertung und Körperreaktion.** Wie alle anderen Gefühle ist auch „Angst" ein Konstrukt, ein künstlicher, theoretischer Begriff, eine Benennung für etwas, das es nicht wirklich als eigenständig existierende Größe gibt. Gefühle bestehen aus zwei Faktoren: einer Situationsbewertung und einem Erregungsanstieg.

> Das Zusammenspiel aus Gefahrenzuschreibung (Gedanken) und körperlicher Erregung (Aufregung, Anspannung) bezeichnen wir als „Angst".

Das Gefahrenzuschreiben löst eine typische Reaktion im Gehirn und im restlichen Körper aus: Wenn man glaubt, in einer gefährlichen Situation zu sein, werden im Gehirn bestimmte Hormone wie Adrenalin, Cortisol und Dopamin ausgeschüttet. Dadurch entstehen Körperreaktionen, wie zum Beispiel Herzrasen, steigender Blutdruck, flache beschleunigte Atmung, Schweißausbruch und Pupillenverengung. Manch einer macht sich auch vor Angst in die Hosen. Die Angst steht einem meist ins Gesicht geschrieben, was sich durch extreme Blässe oder Rötung bemerkbar machen kann. Die Augen werden weit aufgerissen und manche nehmen unwillkürliche Kieferbewegungen wahr, ihnen klappern die Zähne. Andere zittern wie Espenlaub, denn die Muskeln befinden sich in erhöhter Anspannung. Manche spüren eine Enge im Brustkorb. Andere haben den Eindruck, ihnen wird die Kehle zugeschnürt.

Das alles empfinden die meisten als ziemlich lästige Angelegenheit, die man am liebsten vermeiden möchte. Schauen wir uns daher an, wozu diese Reaktionen eigentlich nützlich sind.

### Wozu nützt der Erregungsanstieg bei Angst?

Durch die oben beschriebenen Veränderungen in Gehirn und Körper werden unsere Aufmerksamkeit und unsere Leistungsfähigkeit insgesamt extrem gesteigert. Der Mensch kann nun blitzschnell auf eine Gefahr reagieren, um sein Überleben zu sichern. Er kann die Flucht ergreifen oder kämpfen. Auch das Verfallen in eine Schockstarre war zumindest bei unseren Vorfahren vermutlich sinnvoll, denn manche Raubtiere reagieren auf Bewegung und konnten so womöglich überlistet werden.

Damit der Erregungsanstieg als hilfreich und zielführend erlebt werden kann, darf er weder zu hoch sein, um nicht das sinnvolle Handeln zu blockieren, noch darf er zu niedrig sein, um nicht zu wenig Leistungsfähigkeit zur Verfügung zu haben. Schon 1908 wiesen Yerkes und Dodson nach:

> Menschen können auf einem mittleren Erregungsniveau am besten entscheiden, abwägen und handeln.

Die beschriebenen Körperreaktionen sind als notwendige Überlebensstrategie angeboren. Aber wodurch werden sie ausgelöst?

**Angeborene Auslöser.** Es gibt Reize, auf die die meisten Menschen mit Angst reagieren. Dazu gehören zum Beispiel Spinnen, Schlangen oder wütende Gesichter. Nach Seligman (1971) sind diese Reaktionen „biologisch vorbereitet". Solche angeborenen Schreck- und Angstreaktionen auf auslösende Schlüsselreize, die im Tierreich gut untersucht und in Ansätzen auch beim Menschen nachweisbar sind, finden sich z. B. beim Zurückschrecken vor einem Abgrund oder bei unbekanntem Lärm. Im Menschen angelegt sind vermutlich auch die Angstreaktionen bei dahinkriechenden Tieren im Wald, bei Blitz und Donner, bei Dunkelheit und bei Höhen.

**Gelernte Auslöser.** Darüber hinaus gibt es auch erlernte Angstreaktionen. Dies ist möglich durch eigene Erfahrungen, die man als so bedrohlich erlebte, dass man auch künftig auf ähnliche Situationen mit Angst reagiert (z. B. als der Hund plötzlich zubiss und der Gebissene die Bewertung abspeichert, dass Hunde lebensgefährlich sind).

Man muss Dinge aber noch nicht einmal selbst erleben, um sich vor ihnen zu fürchten. Dafür reicht es, wenn z. B. ein Kind die Eltern (oder auch Großeltern und Erzieher) dabei beobachtet, wie diese sich vor etwas ängstigen. Oder wenn die Erziehenden dem Kind eindrücklich vermitteln, dass es sich vor einer Situation fürchten solle. Kinder lernen so die Ängste ihrer Bezugspersonen. Für das Überleben der Menschen ist dies auch sehr sinnvoll. So kann man sich auch dann rechtzeitig auf Kampf oder Flucht einstellen, wenn man selbst noch nie in solch einer Situation gewesen ist.

**Angeboren und gelernt.** Auf die oben beschriebenen angeborenen Angstreaktionen können nun eigene Erfahrungen, vermitteltes Wissen oder Modellverhalten von Bezugspersonen treffen, die unsere angeborene Neigung, auf bestimmte Reize wie Spinnen, Dunkelheit oder Höhe ängstlich zu reagieren, entweder verstärken oder abmildern.

## Ist Angst gut?

Angst selbst ist prinzipiell weder gut noch schlecht, es kommt darauf an, ob das Gefahrenzuschreiben und der damit verbundene Erregungsanstieg sinnvoll und angemessen sind. Insofern hat es keinen Sinn, von „sinnvoller" und „unsinniger" Angst zu sprechen, denn Angst ist immer sinnvoll, wenn jemand innerlich „Alarm! Gefahr!" geschrien hat. Allerdings könnte dieses Gefahrenzuschreiben übertrieben oder sogar total unsinnig gewesen sein. In solchen Fällen wäre der innere Alarmzustand in Form des oben beschriebenen Erregungsanstiegs überflüssig oder unsinnig und vielleicht sogar schädlich, wenn sich jemand oft in solche unnötigen Erregungszustände versetzt.

**Angst schützt nicht!** Manche Menschen glauben, dass Angst sie vor Gefahren schützen könne. Nach dem oben Beschriebenen ist das natürlich leicht als Unsinn zu entlarven. Vor Gefahren können nur zwei Voraussetzungen schützen:

(1) das rechtzeitige Erkennen einer Gefahr und
(2) eine geeignete Bewältigungsmöglichkeit für die gefährliche Situation, die man rechtzeitig anwendet.

> Vor Gefahren schützt nicht die Angst, sondern nur das Erkennen von Gefahr im Zusammenspiel mit zuvor erlernten Bewältigungsstrategien für die gefährlichen Situationen.

Tatsächliche Gefahren lassen sich nicht ausschalten, nur weil man sich davor ängstigt. Im Gegenteil: Zu viel Angst behindert oft ein klares Beurteilen der Situation und ein sinnvolles Bewältigen derselben. Würde Angst tatsächlich vor Gefahren schützen, könnte denen, die sich andauernd in Panik versetzen, ja nichts passieren. Der Alltag zeigt, dass dies Unsinn ist.

## Kann Angst auch Spaß machen?

Manche suchen speziell den Nervenkitzel. Die einen, die „Endorphin-Junkies", genießen den als lustvoll empfundenen Erregungszustand, der durch Endorphine hervorgerufen wird. Andere gehen aus Situationen überstandener Angst erleichtert, befreit und glücklich hervor.

Unser Körper macht keinen Unterschied zwischen tatsächlicher oder eingebildeter Angst. Durch Lesen oder Anschauen von Grusel- und Horrorgeschichten, durch Fahren mit der Achterbahn, durch Fallschirm- oder Bungee-Springen lassen sich Angstreaktionen auslösen und viele genießen dann die erlösende Entspannung und das Glücksempfinden im Anschluss daran.

**Angst-Lust-Spiele.** Schon bei Kindern ist ab dem Vorschulalter zu beobachten, dass sie sogenannte Angst-Lust-Spiele auswählen, in denen sie die für sie dramatischsten Szenarien immer und immer wieder durchspielen. Zum 20. Mal wird dann die Prinzessin jämmerlich um Hilfe schreiend vom Drachen verschlungen. Immer wieder versinkt das Boot im Meer und alle Besatzungsmitglieder stürzen um Hilfe rufend in die Tiefe. Dies wird gedeutet als Bereitschaft des Kindes, sich mit diesen Bedrohungen und ihren Angstgefühlen auseinanderzusetzen. Sie haben den Wunsch, Angst zu erleben, sie zu überstehen und sich wieder Erleichterung zu verschaffen. Auch Sich-Verstecken oder Geister-Spielen gehört in diese Spielvariante des Angsterlebens. Kinder haben hier nur einen Wunsch: sich zu entlasten. Durch ständige Wiederholungen eines solchen Spiels versichern sie sich, dass sie mit ihrer eigenen Angst, die sie verspüren, leben können (du Bois, 2007).

## Wann wird Angst zum Problem?

Kinder, Jugendliche und später Erwachsene, die sich zu häufig und/oder zu stark ängstigen, leiden häufig unter dem unangenehmen Angstgefühl selbst. Sie verhalten sich dann oft nicht so, wie sie es eigentlich möchten oder wie es an ihren eigenen Zielen gemessen sinnvoll wäre, sondern sie entscheiden sich immer öfter dazu, die angstbesetzten Situationen ganz zu vermeiden. Dadurch bestätigen sie indirekt ihre ursprünglichen Gefahrenzuschreibungen und verstärken dadurch ihr Angstproblem. Man spricht dann von einer Angstspirale, aus der es immer schwerer wird auszusteigen.

> Durch vermeidendes Verhalten wird die vermutete Gefahr bestätigt und damit die Wahrscheinlichkeit erhöht, beim nächsten Mal wieder so zu reagieren. Wer sich der Befürchtung nicht stellt, wird nie erfahren, ob das Befürchtete gar nicht eintritt und man sich unnötig geängstigt hat oder ob das Befürchtete tatsächlich eintritt, man es aber aushalten und überstehen kann. Beide Erfahrungen stärken die Zuversicht und das Vertrauen in die eigenen Fähigkeiten.

Da der Energieaufwand für eine Flucht vergleichsweise gering ist (wenige hundert Kilokalorien), übersehene Bedrohungen aber folgenschwere Auswirkungen nach sich ziehen können, ist die innere „Alarmanlage" in Form von Gefahrenerkennen und Angst durch die Natur sehr empfindlich eingestellt. So etwas kann leicht zu Fehlalarmen führen (Nesse, 2001). Ist die Angstreaktion in Bezug auf die tatsächliche Bedrohungslage unangemessen, spricht man von einer Angststörung. Ist diese Angst an ein bestimmtes Objekt oder eine bestimmte Situation gebunden, spricht man von einer Phobie.

Was existenzielle Ängste sind und wie sich diese bei Kindern zeigen, betrachten wir im nächsten Abschnitt. Daran anschließend beschreiben wir Strategien, wie Erziehende dem Entwickeln solcher Ängste entgegenwirken können.

## 4.2 Von Übervorsichtigen und Lebensängstlichen: Kinder mit übermäßig starken existenziellen Ängsten

Betrachten wir zunächst beispielhaft, wie sich existenzielle Ängste bei Kindern zeigen. Von übermäßig starken existenziellen Ängsten sprechen wir, wenn

- ein Kind sich – im Vergleich zu seinen Altersgenossen – schwer von seinen Bezugspersonen trennt, weil es die Unsicherheit und Ungewissheit darüber, was passieren könnte, nicht aushält
- bei einem Kind die Befürchtungen bei alltäglichen Dingen über seine Neugier siegen und es alles meidet, was ihm zu unsicher erscheint
- ein Kind selbst in bekannten Situationen vor dem Handeln wiederholte Rückversicherung braucht, dass ihm nichts geschehen werde
- ein Kind in alltäglichen Situationen übermäßig starke oder ausufernde Rituale benötigt, um sich ihnen zu stellen.

**Körperliche Beschwerden.** Manche Kinder reagieren vermehrt mit körperlichen Begleiterscheinungen der Angst und erleben diese vordergründig. So beschreiben sie z. B. häufige Bauch- oder Kopfschmerzen, Übelkeit, Durchfall oder Schwindel. Unter Umständen ist dem Kind selbst die zugrunde liegende Angst als Auslöser dieser Beschwerden nicht deutlich. Auch Erziehende können diesen Zusammenhang leicht übersehen. Wegen der körperlichen Beschwerden erfahren die Kinder dann Zuwendung und Entlastung, wenn sie sich der eigentlich angstbesetzten Situation nicht stellen müssen. Darin liegt der Symptomgewinn: das kurzfristige Gute, das sie von den körperlichen Beschwerden ihrer Angstreaktionen haben. Sie können dadurch die Situation vermeiden, die sie aus irgendeinem Grund fürchten.

Diese emotionale Entlastung, also das Ausbleiben von Angst und damit auch der Wegfall der körperlichen Symptome, erleben sie als positiv. So wird die zum Teil unbewusste Vermeidungsstrategie weiter verstärkt und das Kind wird mit höherer Wahrscheinlichkeit in der nächsten Situation ähnlich reagieren. Der erste Schritt zu einem Angstkreislauf und zu einer Angststörung ist getan. Betrachten wir hierzu zwei Beispiele.

*Der dreijährigen Lisa fällt es sehr schwer, sich zu beruhigen, wenn sie sich am Morgen von ihren Eltern in der Kita verabschieden muss. Ohne die Eltern erscheint ihr alles bedrohlich und unsicher. Sie glaubt noch nicht daran, dass sie es auch ohne die Eltern in der Kita schafft. Die Eltern sind sich da auch nicht sicher. Sie fürchten, ihrer Tochter zu viel zuzumuten. Es tut ihnen leid, sie weinen zu sehen. Manchmal bekommt Lisa einen richtigen Weinkrampf und scheint dann kaum noch Luft zu bekommen. In den letzten Wochen sind sie daher nach der Verabschiedung immer wieder nochmals zu ihr gegangen, um sie erneut in den Arm zu nehmen und sie zu beruhigen.*

*Für Lisa war dies eine Bestätigung dafür, es ohne die Eltern nicht schaffen zu können. Schließlich hat sie sich erst durch ihr Eingreifen wieder besser gefühlt. Umso mehr fürchtet sie den Moment, in dem die Eltern von ihr weggehen. Das will sie unbedingt vermeiden: Sie klammert sich ganz fest an sie und ignoriert die Ansprachen der Kita-Erzieher.*

*Der achtjährige Lennard liegt am Abend vor Beginn der Klassenfahrt im Bett. Ganz mulmig wird ihm beim Gedanken, morgen für drei Tage von zu Hause fort zu sein. Es ist die erste richtige Klassenfahrt für ihn, denn letztes Jahr war er krank und konnte nicht mitfahren. So war er bisher noch nie ohne Eltern verreist. Er findet es furchtbar unsicher und weiß überhaupt nicht, wie das alles laufen wird, wie lange der Bus fährt, wann sie Pausen machen. Was ist, wenn er plötzlich mal auf die Toilette muss? Er kann sich auch nicht vorstellen, dort alleine in einem fremden Bett zu schlafen. Was ist, wenn es ihm nicht gut geht? Oder er sich wehtut? Oder irgendjemand ihm etwas antut?*

*Mittlerweile fühlt Lennard sich richtig elendig. Wenn es ihm morgen früh auch so geht, wie soll er das dann schaffen? Vielleicht wird es erst richtig schlimm, wenn er im Bus sitzt. Und dann ist er ganz alleine. Was soll er da bloß machen? Das findet er alles ganz schrecklich und bei diesen Gedanken hat er nun Bauchschmerzen bekommen. Er ruft seine Mutter und erzählt ihr, dass er sich ganz furchtbar fühlt, dass ihm schlecht ist und er Bauchschmerzen hat. Sie fasst an seine Stirn und merkt, dass er kaltschweißig ist, und sagt zu ihm: „Oh, da müssen wir mal schauen, wie es dir morgen früh geht. Wenn es dir dann nicht besser geht, kannst du vielleicht nicht mit zur Klassenfahrt fahren, mein Schatz."*

## Was sind „existenzielle" Ängste?

Von existenziellen Ängsten sprechen wir, wenn sich jemand vor dem eigenen Tod fürchtet – unabhängig davon, wie realistisch diese Befürchtungen sind. Damit können sowohl die konkrete Angst vor dem Sterben und vor der eigenen Endlichkeit gemeint sein als auch eher diffuse Ängste vor Lebensbedrohlichem und -risiken. Je jünger ein Kind ist, desto unkonkreter ist die Angst vor Endlichkeit. Es erlebt Situationen als diffus (lebens-)bedrohlich, weil es sie als unbekannt und deshalb unsicher einschätzt. Um den Tod oder die eigene Endlichkeit befürchten zu können, muss man einerseits ein Verständnis für diese Begriffe haben und andererseits vorausschauen und Konsequenzen erkennen können. Diese Fähigkeiten erlernen Kinder erst im Verlauf ihrer Entwicklung. Dennoch scheinen auch sie schon in der Lage zu sein, Ängste in ähnlicher Ausprägung zu erleben, in denen sie in irgendeiner Form um ihre Unversehrtheit oder um ihr Überleben fürchten. Sie scheinen intuitiv zu ahnen, dass es Umstände im Leben gibt, in denen sie bedroht sind. Das liegt daran, dass der angeborene Instinkt, überleben zu wollen, wohl die stärkste Triebkraft des Menschen ist.

Dass sich bereits Kindergartenkinder mit Todesthemen beschäftigen, wird u.a. deutlich in Kinderträumen. Hier spielt das Unbewusste solche Gefahren durch, wenn Kinder träumen, dass sie von Wölfen gefressen oder von Monstern in die Tiefe gestürzt werden. Es zeigt sich auch in ihren Spielen mit der Angst, wie oben beschrieben.

### „Ja, aber … jeder ängstigt sich doch vor dem Tod und keiner will sterben! Das ist doch ganz normal!"

Sehen wir ab von Menschen, die ihres Lebens aus irgendeinem Grund (z. B. endloses Leid, unheilbare Krankheit) tatsächlich überdrüssig sind, werden wohl die allermeisten sagen, dass sie lieber weiterleben als sterben möchten. Keiner verzichtet gern auf all das, was ihm lieb und teuer ist. Der Wunsch, möglichst alt zu werden und das Leben bis dahin in vollen Zügen auszukosten, ist absolut normal und – wie bereits erwähnt – angeboren. Nur bleibt es eben ein Wunsch. Denn dass wir sterben werden, ist schlichtweg zu erwarten, egal wie intensiv wir uns das Gegenteil wünschen.

Wann wir sterben, ist dagegen ungewiss und es liegt nicht in unserer Macht, den Tod aufzuschieben oder gar ganz zu verhindern. Weder können wir Krankheiten ausschließen noch das Handeln anderer, die uns (tödlich) schaden können, noch fatale Naturereignisse oder -katastrophen. Sich das Gegenteil zu wünschen oder es gar zu fordern: „Ich will (jetzt) nicht sterben!“, wird nicht nur fruchtlos bleiben, sondern zusätzlich zu emotionalem Leid führen.

So fürchten sich manche „rund um die Uhr“ vor dem Tod, sodass sie es vor lauter Sorge verpassen, so zu leben, wie es möglich wäre. Wer sich ständig vor Unausweichlichem ängstigt, leidet und verliert seine Lebenszufriedenheit, denn meist wird er seine Lebensziele schlecht oder gar nicht verfolgen.

Aber wie soll man als Erziehende mit diesem Thema umgehen? Wie viel Todesangst ist angemessen? Wie viel Verunsicherung darf man einem Kind zumuten? Wie viel „Sicherheit“ sollte man Kindern suggerieren? Und wie steht es mit der eigenen Einstellung zum Sterben? Auf diese Fragen gehen wir im folgenden Abschnitt ein.

## 4.3 Mit den Gefahren des Lebens gelassen umgehen lernen

Um nicht unnötig unter Dingen zu leiden, die man nicht ändern kann – die Unsicherheit des Lebens, die allgegenwärtigen Risiken und der ständig drohende Tod –, gibt es eine hilfreiche Möglichkeit: sie zu akzeptieren.

> Akzeptanz ist die Bereitschaft, etwas Unvermeidliches auch dann hinzunehmen, wenn es nicht den eigenen Wünschen, Zielen oder dem eigenen Geschmack entspricht.

### 4.3.1 Vom Umgang mit Unsicherheit und Risiko

Wir haben bereits erkannt, dass das Leben durch und durch unsicher ist. Und das gilt erst recht für das Leben aus Kindersicht. Jeden Tag erleben sie fremde Situationen und lernen etwas Neues dazu, das ihre bisherige Sicht der Dinge immer wieder komplett über den Haufen werfen kann: ein Armbruch, die Geburt des Geschwisterchens, der Verlust des Lieblingskuscheltieres, die Krankheit von Oma, der Beginn von Krippe, Kita, Vorschule oder Schule, ein Umzug, der Verlust der besten Freundin, die Trennung der Eltern usw.

Auch die Erkenntnis, dass Ereignisse nicht genau vorhersagbar sind, dass Menschen in ähnlichen Situationen unterschiedlich reagieren, dass es unterschiedliche Regeln des Miteinanders gibt oder dass sich derselbe Mensch heute so, morgen so verhalten kann – all das kann ein Kind furchtbar verunsichernd finden.

Erziehende können hier weiterhelfen, indem sie den Kindern ein Vorbild für den Umgang mit Unsicherheit und Risiko liefern. Dabei kann man Folgendes beherzigen:

- Benennen Sie Unwissenheit und Unsicherheit und schlagen Sie vor, die Sache gemeinsam auszuprobieren: „Ich weiß auch nicht genau, wie das geht. Komm, wir probieren das mal aus!"
- Erläutern Sie, dass es dabei zu diesen oder jenen negativen Konsequenzen kommen kann und dass Sie sich gerade entscheiden, ein bestimmtes Risiko einzugehen: „Es kann schon sein, dass ... passiert."
- Verzichten Sie auf Beschönigungen und „Rosarot"-Aussagen nach dem Motto: „Es wird schon nichts passieren." Tritt doch eine negative Konsequenz ein, wird das Kind diese scheinbar nicht zu erwartende Konsequenz schwerer tolerieren können.
- Erklären Sie, weshalb es kein für alle gültiges „Richtig" und „Falsch" gibt, sodass jeder Mensch für sich entscheiden muss, welche Entscheidung und Handlung er für die richtige hält und dass er das entsprechende Risiko verantworten muss: „Falls das passiert, werden wir es eben aushalten müssen." (siehe hierzu auch Kap. 3.3.1)
- Erläutern Sie aber auch, welche positiven Konsequenzen möglich sind und dass man diese nur erreichen wird, wenn man sich traut: „Nur wenn du es ausprobierst, wirst du herausfinden, wie es ist und ob du es magst."
- Loben Sie Ihr Kind nicht für den Erfolg eines Handelns, sondern für den Mut und die Selbstüberwindung, die es aufgebracht hat, unabhängig davon, ob es am Ende erfolgreich war oder nicht: „Ich finde das klasse, wie du dich da getraut hast und wie viel Mühe du dir gegeben hast! Prima!"
- Ermutigen Sie Ihr Kind, sich zu trauen, gegebenenfalls auch mit Ihrer Unterstützung: „Komm, probiere es aus! Du kannst das schon ausprobieren. Schlimmstenfalls fällst du runter, aber das hältst du doch aus. Ich stehe hier daneben und bin da, falls du mich brauchst."

*Der zweijährige Gustav steht an der Leiter zur Rutsche. Einen ersten Versuch, auf die erste Stufe zu klettern, hat er bereits unternommen und ist dabei abgerutscht. Nun ruft er nach seiner Mama und sagt zu ihr: „Gustav hoch!" Er möchte, dass sie ihn hochhebt. Die Mutter versucht aber, ihn zu ermuntern, es mit ihrer Hilfe erneut zu probieren: „Das kannst du schon alleine probieren. Komm, ich helfe dir ein bisschen." Gustav zögert und protestiert: „Mama, Gustav hochheben!" Die Mutter verstärkt nun einerseits Gustavs Motivation, es erneut zu probieren, und andererseits sein Zutrauen: „Nein, ich hebe dich nicht hoch. Möchtest du rutschen?" Gustav bejaht. „Dann komm, ich helfe dir, ich bleibe hinter dir und du kannst das selbst probieren!" Sie legt nun ihre Hand auf seinen Rücken und wenn er sich hochzieht, führt sie seine Füße, soweit nötig, damit er die Sprossen findet. Währenddessen lobt sie ihn und verstärkt seine Motivation: „Prima, dass du dich das traust! Das kannst du schon ganz alleine! Toll! Und jetzt klettere auf die nächste Stufe." Oben angelangt ruft Gustav freudestrahlend angesichts seines Erfolges „Hallo, Mama!"*

*Marie (vier Jahre) ist zum vierten Geburtstag ihrer Kindergartenfreundin Lisa eingeladen. Eben hat sie das Geschenk für Lisa zusammen mit dem Vater eingepackt und nun soll es losgehen. Er wird sie hinbringen. Doch Marie hat ein Problem: Das ist der erste Kindergeburtstag für sie, bei dem die Eltern nicht dabei sein sollen. Sie wird auch das erste Mal bei Lisa zu Hause sein. Und bislang hat sie nur ab und zu Lisas Mutter beim Abholen in der Kita gesehen. Sie kennt deren Eltern kaum. Außerdem sind noch andere Kinder eingeladen, die sie noch nie gesehen hat. Sie findet das alles ziemlich unsicher und weiß nicht, wie es dort sein wird, ob sie zurechtkommt oder ob es ihr schlecht ergeht und dann ist niemand da, um ihr zu helfen … Sie sagt zu ihrem Vater: „Papa, kannst du bitte mit dort bleiben?" Er reagiert mit der Antwort: „Nein, Marie, das kann ich nicht. Lisa und ihre Eltern haben den Geburtstag vorbereitet und ohne die anderen Eltern geplant. Ich oder andere Eltern würden da nur stören. Außerdem habe ich mir für die Zeit jetzt auch schon etwas anderes vorgenommen und das möchte ich gern erledigen." Marie überlegt und schaut betrübt drein. Dann meint sie: „Dann möchte ich da lieber nicht hin. Ich möchte bei dir bleiben!" Der Vater ist überrascht und fragt: „Du hattest dich doch so darauf gefreut. Wieso möchtest du jetzt nicht mehr hin?" Nach mehrmaligem Nachhaken erzählt Marie von ihren Sorgen und Befürchtungen. Der Vater: „Hm, ich kann verstehen, dass du es unsicher findest und nicht weißt, wie es dort sein wird, weil du ja noch nie bei Lisa zu Hause warst und du das erste Mal alleine zu einer Geburtstagsfeier gehst. Erinnerst du dich an die Geburtstagsfeiern, bei denen du schon warst? Bei Jonas und bei Carla zum Beispiel?" – Marie: „Ja!" – „Da kanntest du deren Zuhause vorher auch nicht, oder?" – „Nein." – „Und hat es dir da gefallen?" – „Ja, sehr!"– „Ja, da hatte es dir so gut gefallen, dass du gar nicht gern mit uns nach Hause fahren wolltest. Es könnte sein, dass es dir bei Lisa genauso gut gefällt. Um das herauszufinden, müsstest du dich aber trauen, hinzugehen und es auszuprobieren. Möchtest du das?" Marie: „Ja, schon, aber wenn es mir dann doch nicht gefällt?" Der Vater: „Ich komme nach dem Abendessen, um dich abzuholen. Meinst du, dass du das bis dahin auch dann aushalten kannst, falls es nicht ganz so toll ist wie auf den anderen Geburtstagen?" (Anmerkung: Wenn möglich auf das Angebot verzichten, auf Wunsch des Kindes früher zu kommen. Ziel ist es, die Zuversicht des Kindes darin zu stärken, dass es die Einladung in jedem Fall alleine schaffen kann.) Marie überlegt und fragt: „Und wenn ich mal groß aufs Klo muss?" Der Vater: „Dann sagst du das Lisas Eltern und fragst, ob sie dir dabei helfen können. Genau wie in der Kita, wenn du einen Erzieher fragst. Kriegst du das hin?" Marie, etwas zuversichtlicher: „Hm." Der Vater: „Na komm, Marie. Lass uns erst einmal losfahren. Im Auto können wir noch überlegen, welche Fragen du hast und wie du das alles gut hinbekommst. Ich denke, dann wirst du heute einen tollen Nachmittag mit Spielen, Überraschungen und leckerem Essen haben. Und heute Abend erzählst du mir dann alles. Auch welche tollen Geschenke Lisa bekommen hat. Einverstanden?"*

### 4.3.2 Vom Umgang mit Tod und Vergänglichkeit

Wie Menschen mit dem Tod umgehen, hängt auch davon ab, was er für sie bedeutet. Für manch einen bedeutet er das Ende allen Lebens (physisch und seelisch), für andere stellt er einen Übergang in ein Jenseits dar, bei dem nur das körperliche Leben endet, das seelische aber fortbesteht. Wieder andere glauben, dass nach dem Ende des körperlichen Lebens die Seele in einen allumfassenden Energiefluss aufgenommen wird. Oder sie glauben an eine Wiedergeburt.

Das Erklärungsmodell, das jemand für das Leben und den Tod hat, bestimmt auch, welche Sichtweisen er zum Sterben hat. Religionen bieten Lösungen dazu an, wie der Tod einzuordnen und zu verstehen ist. In der Regel heben sie die Endlichkeit des Todes dadurch auf, indem sie erklären, dass er nur ein Übergang zwischen zwei Stadien sei.

Betrachtet man die Angst vor der eigenen Endlichkeit als eines der schwierigsten Themen, wenn nicht gar als das schwierigste Thema, mit dem wir konfrontiert werden, liegt hier der größte Vorzug von Religionen: Hält man sich an bestimmte Vorgaben, kann man glauben, sich einen Zugang zum Weiterexistieren nach dem Tod zu sichern. Ob es tatsächlich so kommt, ist allerdings ungewiss. Daher nennt man diesen Bereich auch „Glaube". Doch auch bei naturwissenschaftlichen Theorien und dem Atheismus befinden wir uns auf der Glaubensebene und wissen nicht, ob es so kommt oder anders.

## Weshalb leiden auch Erwachsene unter Todesangst?

Nun, dafür gibt es zwei Hauptursachen: Angst vor Verzicht und Angst vor dem Jenseits. Manche fürchten sich vor dem Verzicht, entweder auf all die Menschen und Dinge, die ihnen wichtig sind, oder auf das noch nicht Erreichte: noch nicht alles erlebt zu haben, was ihnen wichtig erscheint. Andere, für die der Tod einen Übergang in einen anderen Zustand des Weiterexistierens bedeutet, fürchten sich davor, was danach kommt, z. B. weil sie bisher nicht genug oder gar etwas „Falsches" getan haben, weshalb ihnen der Zugang zu diesem Weiterleben verwehrt werden könnte oder sie gar dafür sühnen müssen – und zwar, je nach Religion, bis in alle Ewigkeit (z. B. in der Hölle oder als niedere Daseinsform).

Wie Erwachsene lernen können, stressfreier und psychisch gesünder mit Unsicherheit und begrenztem Dasein umzugehen, kann hier aus Platzgründen nicht dargelegt werden. Hierzu gibt es spezielle Fachbücher, z. B. Stavemann und Hülsner (2019): „Integrative KVT bei existenziellen Problemen – Umgang mit der eigenen Endlichkeit und Todesangst". Bleiben wir aber hier bei den Kindern und was sie bei diesem Thema beschäftigt.

## Wie vermittelt man Kindern einen günstigen Umgang mit dem Thema Tod?

Die meisten Kinder beginnen bereits im Kindergartenalter, ab etwa dem vierten Lebensjahr, nach dem Tod, dem Sinn oder auch dem Beginn des Lebens zu fragen. Sie erkennen nun Altersunterschiede zwischen sich, den Eltern und Großeltern, sie erleben Krankheiten bei Erwachsenen, vielleicht auch den Tod eines Angehörigen oder die Geburt von Geschwistern. Sie registrieren nun wachsamer die Ängste ihrer Bezugspersonen, merken, dass diese manche Situationen als sehr gefährlich, vielleicht lebensgefährlich einschätzen. Manche Kinder interessieren sich für das Thema Feuerwehr und lernen dabei, dass die Häuser, in denen Menschen leben, abbrennen können und fragen sich, was passiert, wenn sie noch in einem solchen Haus wären.

Geben Bezugspersonen keine Antworten auf solche Fragen, bleiben die Kinder mit ihrer Verunsicherung allein. Aus der erkannten Beklommenheit, der Unsicherheit oder gar Angst, die Erwachsene bei diesen Themen zeigen, schließen sie oftmals, dass es sich um etwas sehr Schlimmes handeln muss, das nicht einmal die Erwachsenen aushalten können. Spätestens dann beginnen sie sich zu fürchten.

> Ein guter Zeitpunkt, um mit Kindern über den Tod zu sprechen, ist immer dann, wenn sie danach fragen.

**Vorbereitet sein.** Erziehende sollten also auf diese Fragen vorbereitet sein und ihre eigene Einstellung zum Thema Tod durchdacht haben. Dazu gehören Antworten auf die Fragen:

- Wie denke ich über den Tod? Betrachte ich ihn als endgültiges Ende allen Lebens oder glaube ich an ein Leben nach dem Tod?
- Wie gehe ich mit der Ungewissheit um, nicht zu wissen, wann ich sterbe und was im Moment des Todes geschieht?
- Wenn ich mich vor dem Tod fürchte: Was genau fürchte ich? Verzicht? Negative Folgen aufgrund meines Glaubens?
- Kann ich den Tod als etwas Unausweichliches, das jederzeit eintreten kann, akzeptieren?

Wer hier auf stärkere emotionale Probleme trifft, dem empfehlen wir, sich mit dem Thema intensiver auseinanderzusetzen. Suchen Sie das Gespräch mit Freunden und finden Sie heraus, wie andere damit umgehen. Sprechen Sie mit Vertretern Ihrer Glaubensgemeinschaft oder wenden Sie sich an einen Psychotherapeuten, um Ihre Ängste zu bearbeiten. Als vertiefende Literatur hierzu verweisen wir auf das bereits genannte Buch von Stavemann und Hülsner.

**Unwissenheit und Unsicherheit benennen.** Kinder nehmen den Erziehenden nicht übel, wenn diese etwas nicht wissen oder unsicher sind. Im Gegenteil: Hier können Erziehende ein Vorbild dafür sein, auch dann nicht in Angst und Panik zu verfallen, wenn sie einer Sache unsicher gegenüberstehen. So auch zum Beispiel bei der Frage, was nach dem Tod passiert. Erläutern Sie, was Sie glauben. Aber vermitteln Sie auch, dass es niemand genau weiß, da noch niemand „vom Tod zurückgekehrt“ ist. Aber das Leben, wie wir es kennen, endet zu diesem Zeitpunkt.

*„Genau weiß niemand, was nach dem Leben passiert. Ich auch nicht. Ich glaube, dass das Leben eines Menschen mit seinem Tod endet. Es ist dann vorbei, geht nicht weiter, der Mensch hört auf zu sein. Der Körper ist zwar noch da, aber es ist kein Leben mehr in ihm. Das Herz schlägt nicht mehr, er atmet nicht mehr. Langsam wird der Körper dann kalt und steif. Ich glaube auch, dass der tote Mensch davon nichts mehr merkt, nichts fühlt, nichts spürt, sieht oder hört. Das bleibt dann auch so und kann nicht wieder verändert werden. Bislang ist noch nie wieder jemand lebendig geworden. Wahrscheinlich ist das für dich jetzt schwer vorstellbar. Hast du dazu noch Fragen an mich?"*

**Auf blumige Beschreibungen verzichten.** Als ungünstig erweisen sich beim Beschreiben des Todes Formulierungen wie „Opa macht eine lange Reise" oder „Opa ist jetzt in einem tiefen Schlaf". Dabei werden alltägliche Dinge mit dem Tod verknüpft, was in einem kindlichen Kopf eine Menge Verwirrung stiften kann: Wenn Opa „schläft" und nie mehr aufwacht und alle deshalb so furchtbar traurig sind, ist Schlafen dann nicht eine gefährliche Sache? Kann ich mich das dann noch trauen? Oder kann ich es aushalten, wenn Mama schlafen geht oder verreist?

**Berührungspunkte schaffen.** Um ein Gespräch über das Thema Tod zu führen, kann man beispielsweise mit dem Kind ein totes Insekt betrachten und daran erläutern, dass dessen Leben nun für immer vorbei ist. Oder man besucht gemeinsam einen Friedhof.

Erläutern Sie altersangemessen, wie man in unserer Kultur mit einem Verstorbenen umgeht, was es mit einer Beerdigung auf sich hat, wie die Erwachsenen sich dabei verhalten und fühlen.

*„Du wolltest ja mal einen Friedhof besuchen. Hier sind wir nun. Dies sind alles Gräber, in denen verstorbene, also tote Menschen in Särgen liegen, das sind große Holzkisten. Oder sie sind in Urnen in der Erde vergraben. Urnen sind ähnlich wie Vasen aus Porzellan. Manche Menschen wünschen sich, dass sie nach ihrem Tod nicht in einem Sarg beerdigt werden, sondern dass ihr toter Körper verbrannt wird. Sie selbst merken davon nichts und es tut ihnen überhaupt nicht weh. Auf dem Friedhof gibt es ein spezielles Haus und darin einen speziellen Ofen, in dem das gemacht wird. Wie bei einem Feuer, in dem Äste verbrennen, bleibt auch*

*hierbei am Ende nur Asche übrig. Diese wird dann in die Urne gefüllt und in das Grab hineingelegt. So ein Grab ist eigentlich mehr für die Menschen, die noch leben und den Verstorbenen vermissen. Denn dann können sie immer hierherkommen, sich an denjenigen erinnern, Blumen an sein Grab stellen oder auch andere kleine Dinge, zum Beispiel Kerzen oder Briefe. Manchen Menschen hilft das, nicht ganz so traurig zu sein, dass derjenige nicht mehr lebt. Auf den Gräbern steht meistens noch ein Grabstein, auf dem sind Name, Geburtstag und Todestag geschrieben. Wollen wir uns ein paar Gräber anschauen?"*

**Endlichkeit benennen.** Egal nach welchem Glauben Sie erziehen, vermitteln Sie, dass mit dem Tod das Leben, so wie wir es kennen, endgültig beendet ist. Vielleicht folgt danach das eine oder andere oder nichts – aber das jetzige Leben ist dann vorbei. Vielleicht helfen Ihnen hierzu obige Beispiele.

**Akzeptanz fördern.** Leisten Sie Hilfestellung, wie das Kind dieses Wissen um den Tod nun „einsortieren" kann.

*„Der Tod gehört zum Leben dazu. Die Geburt ist der Anfang, der Tod das Ende des Lebens. Die meisten Menschen werden recht alt und sterben erst, wenn sie so alt sind wie Oma und Opa. Manche sterben früher, zum Beispiel an Krankheiten oder bei Unfällen. Manchmal sterben auch schon Kinder daran. Keiner weiß, wie lange er leben wird. Das müssen wir so hinnehmen.*
*Die meisten Menschen sind traurig, wenn jemand stirbt, den sie gern hatten. Manchmal sind auch die traurig, die wissen, dass sie bald sterben, weil sie gern noch etwas länger leben würden. Aber das können sie leider nicht verändern. Es nützt auch nichts, sich jetzt schon davor zu sorgen oder zu ängstigen. Wenn das Leben zu Ende ist, ist es zu Ende, egal wie viel sich jemand vorher gesorgt hat. Aber bis es so weit ist, kann jeder sein Leben so nutzen, wie er es möchte. Du auch. Du kannst dein Leben so lange nutzen, wie es dauert."*

Es ist zu erwarten, dass ein Kind in kürzeren oder längeren Abständen und über die Jahre seiner Kindheit hinweg immer wieder diese oder ähnliche Fragen stellt. Das liegt zum einen daran, dass es Informationen zum Tod nicht sofort komplett begreifen und damit nicht abschließend verarbeiten und abspeichern kann. Zum anderen wird es mit zunehmendem Alter und im Laufe seiner Entwicklung bislang Gelerntes aus neuen Perspektiven betrachten und zu neuen Fragen gelangen.

**Typische Fragen von Kindern zum Thema Tod**
Abschließend möchten wir beispielhaft einige Antworten auf typische Kinderfragen zum Thema Tod vorschlagen, die gegebenenfalls dem Alter des jeweiligen Kindes in der Wortwahl angepasst werden können.

**„Warum sterben Menschen?"** Antwort: „Das Leben von Menschen hat einen Anfang und ein Ende. Am Anfang steht die Geburt, das Ende ist der Tod. So ist es auch bei Tieren oder Pflanzen. Manche davon leben sehr lange, sogar länger als Menschen, zum Beispiel manche Schildkröten und Bäume. Andere Tiere leben kürzer als die meisten Menschen wie die Katze oder der Hamster. Genau wie bei denen ist auch der menschliche Körper nicht in der Lage, ewig zu leben. Der Körper hält, ähnlich wie eine Batterie, eine bestimmte Zeit, dann verliert er langsam an Kraft, bis er irgendwann komplett ohne Energie ist und ‚aus' geht."

**„Wozu ist der Mensch denn dann da?"** Antwort: „Dazu hat jeder eine andere Meinung und niemand weiß es wirklich. Ich selbst weiß es auch nicht. Aber auch wenn das niemand weiß, kann man seinem Leben einen Sinn geben. Denn im Vergleich zu den meisten anderen Lebewesen kann der Mensch relativ gut selbst bestimmen, wie er leben möchte. Ich glaube deshalb, dass jeder Mensch selbst entscheiden muss, wofür er sein Leben nutzen möchte und was er in der Zeit, die er am Leben ist, tun will. Hast du schon einmal überlegt, wie du später leben möchtest, was du tun willst und was dir wichtig sein soll?"

**„Wo war mein Bruder, bevor er in Mamas Bauch war?"** Antwort: „Es gab ihn nicht. Sein Leben begann erst durch die Befruchtung. Die passiert im Körper jeder Mama und es entsteht ein zuerst winziges Klümpchen aus Körperzellen. Woche für Woche wächst es. Nach ein paar Wochen entsteht das Herz und schlägt, es entstehen Beine, Füße, Arme, Hände, Kopf und Körper. Es wächst und entwickelt sich bis zu dem Zeitpunkt, wo das Baby stark genug ist, aus Mamas Bauch herauszukommen. Das nennt man dann die Geburt. So hat auch dein Leben angefangen. Und das aller anderen Menschen auch."

**„Wann stirbt Opa?"** Antwort: „Das weiß ich nicht genau. Aber Opa ist schon sehr alt und sein Körper nicht mehr so kräftig wie früher. Es kann sein, dass er bald stirbt, es kann aber auch sein, dass er noch ein paar weitere Jahre lebt. Das weiß niemand so genau."

**„Stirbst du auch, Mama?“** Antwort: „Ja, wie jeder andere Mensch, sterbe ich auch irgendwann. Im Moment bin ich gesund und wahrscheinlich werde ich, wie die meisten Menschen auch, erst sterben, wenn ich älter bin.“

**„Ich will aber nicht, dass du stirbst!“** Antwort: „Das kann ich verstehen, aber das können wir nicht verändern. Ich glaube auch nicht, dass ich jetzt oder bald sterbe. Wahrscheinlich bist du dann schon erwachsen, wenn ich sterbe. Hast vielleicht schon eigene Kinder und wohnst in deiner eigenen Wohnung. Vielleicht wirst du eine Weile traurig sein und mich vermissen, aber das wirst du schaffen. Manche Menschen hängen Fotos von verstorbenen Menschen auf, die sie sehr lieb gehabt haben, und können so an sie denken.“

**„Sterbe ich auch?“** Antwort: „Ja, bei dir ist es genauso. Auch du wirst, wie alle anderen Menschen, irgendwann sterben.“

**„Was passiert mit dem Körper, wenn er in der Erde liegt?“** Antwort: „Wenn der Mensch tot ist, fließt kein Blut mehr durch den Köper, das Herz schlägt nicht mehr, er atmet nicht mehr. Er spürt und fühlt auch nichts. Ohne diese Dinge verändert sich der Körper langsam. Die Knochen bleiben recht lange fest, aber der Rest des Körpers wird schrumpelig. Das ist ein bisschen wie bei einer Pflanze, wenn man sie aus der Erde reißt. Man könnte hier auch sagen, dass sie ‚stirbt‘. Sie verliert ihre Kraft, wird schlaff, später verliert sie ihre grüne Farbe, wird blass und grau-braun, dann vertrocknet sie langsam immer mehr und am Ende, wenn sie ganz ausgetrocknet und verwelkt ist, zerbröselt sie in kleine Teile.“

### Wieviel „Sicherheit“ darf man Kindern vorgaukeln?

Bislang haben wir betrachtet, in welchem Maß Kinder darin gefördert werden können, Unsicherheiten zu tolerieren und Risiken zu ertragen. Doch es gibt auch ein Maß an innerer Verunsicherung, die eine kindliche Psyche nicht mehr gut aushalten kann. Kinder sind neugierig und haben feine Antennen. Manchmal schnappen sie Informationen aus dem Autoradio auf oder belauschen ein Gespräch unter Erwachsenen. Dann hören sie vielleicht, dass Menschen bei einem Brand in der letzten Nacht gestorben sind, dass ein Mensch einen anderen getötet hat oder dass Menschen bei einem Erdbeben oder im Krieg ums Leben gekommen sind. Auch hier raten wir dazu, dicht bei der Wahrheit zu bleiben und zu bestätigen, dass es solche Ereignisse gibt, und sie gegebenenfalls kindgerecht zu erklären. Sollte ein Kind sich davor fürchten, dass ihm selbst so ein Ereignis unmittelbar drohen könnte, sollten Erziehende ihm jedoch antworten, dass es sich keine Sorgen zu machen braucht, dass ein solches Ereignis aktuell nicht droht und dass sie, die Eltern, alles tun werden, um auf es aufzupassen und zu beschützen.

# Nachwort

Als Erziehende kennen Sie nun die drei wichtigen psychischen Lernbereiche bei Kindern:

- das Entwickeln eines gesunden Selbstbildes
- der Aufbau von Frustrationstoleranz und
- das Akzeptieren der eigenen Endlichkeit.

Kinder, die in diesen Bereichen erfolgreiche Strategien entwickeln, werden mit hoher Wahrscheinlichkeit psychisch stabil, ausgeglichen und selbstsicher durchs Leben gehen.

Die meisten Eltern haben mit dem Entscheid für ein Kind den Wunsch, ihr Bestmögliches zu geben, um aus diesem kleinen ein zufriedenes und lebenstüchtiges großes Wesen zu machen. Dabei sind ihre moralischen, weltanschaulichen und religiösen Ansichten und Werthaltungen unterschiedlich. Kindern sind diese inhaltlichen Unterschiede erst einmal egal. Und auch für eine gesunde psychische Entwicklung sind sie nicht zwingend problematisch. Vorausgesetzt ist, dass die Erziehenden es schaffen, ihren Kindern die aufgeführten Lernerfahrungen zu ermöglichen.

**Erziehung geschieht nicht von alleine.** Kinder sind, psychisch betrachtet, keine fertigen Wesen, die nur noch reifen müssen. Im Vergleich zu unseren nahen Verwandten, den Menschenaffen, sind sie extrem anpassungsfähig an die Reize ihrer Umwelt. 1931 ließ ein Psychologieprofessor sein Baby mit einem Schimpansenbaby zusammen aufwachsen, um zu prüfen, wie viel das Schimpansenbaby vom Menschenkind lernt. Doch es war genau andersherum, denn hier war das Menschen- dem Schimpansenbaby stark überlegen: in der Fähigkeit nachzuahmen. Das Experiment wurde nach ein paar Monaten abgebrochen, weil das Menschenkind dem Affenbaby immer ähnlicher wurde und andere, für sein Alter typische menschliche Reifeschritte nicht vollzog.

Diese Fähigkeit, am Modell zu lernen, ist für Kinder von Vor- und Nachteil zugleich. Einerseits sind sie dadurch maximal flexibel und anpassungsfähig – ein Grund (manche glauben, es sei *der* einzige Grund), weshalb unsere Art seit Langem so erfolgreich ist. Andererseits können sie ebenso schnell auch ungünstige oder gar selbstzerstörerische Lernerfahrungen machen. Alle Erziehenden sollten sich daher ihrer Rolle als Vorbild und Modell für das kindliche Lernen bewusst sein. Wenn ein Erziehender sich in einer Situation auf eine bestimmte Weise verhält, erhöht er die Wahrscheinlichkeit dafür, dass das anwesende Kind sich dies als Muster abschaut und sich zukünftig selbst so verhält.

**Erziehung ist anstrengend.** Viele Eltern werden mit der Geburt ihres Kindes überrascht von der Erkenntnis, wie viel Arbeit Kinder bedeuten. Viele erleben sich überfordert, leiden unter Schlafmangel, streiten öfter mit dem Partner als zuvor und erleben einen massiven Verzicht auf Dinge, die zuvor selbstverständlich zu ihrem Leben gehörten – kurzum: Das ersehnte Glück kommt oft mit einem bleischweren Mantel aus Anstrengung daher.

Und nun soll man, während man vor Müdigkeit kaum aus den Augen schauen kann, einem der Chef mit einer Frist im Nacken sitzt, der Wochenendeinkauf noch erledigt und dringend Schuhe in der nächsten Größe gekauft werden müssen, der Küchenboden samt Essensresten bereits ein Eigenleben führt, auch noch in jedem Moment ein gutes Vorbild sein? Sich seiner Reaktionen immer bewusst sein und sie im Griff haben? Und immer genau wissen, welche Reaktion jetzt gerade genau die günstigste ist, um sie seinem Kind vorzuleben?

Das ist wohl ein unrealistischer Anspruch, der sich auch beim besten Willen nicht immer umsetzen lässt. Grundsätzlich gilt:

Je öfter Erziehende ein bestimmtes Erziehungsverhalten zeigen, desto höher ist die Wahrscheinlichkeit, dass auch das Kind sich zukünftig danach verhält.

Psychische Gesundheit und Stabilität sind als Merkmale zu verstehen, die Kinder in unterschiedlicher Stärke besitzen – nicht nur in zwei Extremen: vorhanden oder nicht vorhanden. Wie jeder Mensch zeigt auch jedes Kind zu einem bestimmten Zeitpunkt eine bestimmte Menge davon.

Diese Ausprägung ist nicht starr und für immer feststehend, sondern flexibel und anpassungsfähig, abhängig davon, welche Erfahrungen das Kind macht, ob es gegebenenfalls noch fehlende Lernerfahrungen nachholt oder bereits erworbene ungünstige Einstellungen verändert. Daraus lässt sich für Erziehende schließen:

Es ist nie zu spät, um mit dem sinnvollen Verändern des Erziehungsverhaltens zu beginnen.

Startet man spät damit, ist der Weg etwas mühsamer und es sind – verglichen mit jemandem, der von Beginn an einen sinnvollen, günstigen Weg eingeschlagen hat –

nicht mehr alle Zieloptionen verfügbar. Das ist dann eben so und nicht mehr rückgängig zu machen.

**Aber wo soll es von nun an hingehen?** Weiter in die Richtung, die sich nunmehr als ungünstig erwiesen hat, „weil man es eben schon immer so gemacht hat"? Oder „weil es doch nun eh schon zu spät ist"? Oder lieber ab sofort die Richtung ändern und versuchen, entsprechend der eigenen Ziele das Beste daraus zu machen?

Mit diesem Buch möchten wir Eltern, Großeltern, Erzieher in Krippen, Kitas und Grundschulen oder andere, die sich mit Kindern beschäftigen, dazu ermutigen, das Erziehen der ihnen anvertrauten Kinder kraftvoll und zuversichtlich in die eigenen Hände zu nehmen. Dafür haben wir die aus unserer Sicht wesentlichen psychischen Voraussetzungen erläutert, die ein Kind erlernen muss, um selbstsicher, ausgeglichen und zuversichtlich durch das eigene Leben zu gehen und es nach seinen Vorstellungen zu gestalten.

Wir möchten Erziehende darin bestärken, eine leitende Rolle einzunehmen, Entscheidungen zu treffen und Erziehung eigenverantwortlich zu gestalten. Kinder können sich dann an den Erziehenden orientieren und die für eine gesunde kindliche Entwicklung notwendige Geborgenheit wahrnehmen. Liebevolles, klares und bestimmtes sowie nachvollziehbares und berechenbares Verhalten der Erziehenden ist dabei wesentlich.

## Einladung zur Mitarbeit

Wir sind uns darüber im Klaren, dass dieser Ratgeber noch unvollständig ist und nicht für jede Situation und alle Aspekte günstige Interventionen anbietet. Daher möchten wir gern den Erfahrungsschatz unserer Leser einbinden und Sie einladen, uns *Ihre* Strategien zum Erreichen der genannten Erziehungsziele mitzuteilen:

> Was tun *Sie,* um ein hilfreiches Selbstbild zu fördern, um Frustrationstoleranz auf- und unnötige Ängstlichkeit bei Ihren Kindern abzubauen?

Gerne werden wir passende ergänzende Tipps in der nächsten Auflage aufnehmen und die Tippgeber – mit ihrem Einverständnis – namentlich benennen. Wir freuen uns auf reges Interesse und Ihre Rückmeldungen an die Anschrift im Impressum oder per E-Mail an: stavemann@i-v-t.de.

*Harlich Stavemann und Wiebke Bergmann*

# Literatur

## (a) Wissenschaftliche Literatur


Badea, L. (2010). The role of empathy in developing the leader's emotional intelligence. *Theoretical and Applied Economics, 17* (10), 69–78.

Bandura, A. (1976). *Lernen am Modell. Ansätze zu einer sozial-kognitiven Lerntheorie.* Stuttgart: Klett.

Baumeister, R. F. & Leary, M. R. (1995). The need to belong: Desire for interpersonal attachments as a fundamental human motivation. *Psychological Bulletin, 117* (3), 497–529.

Butler, R. (1998). Age trends in the use of social and temporal comparison for self-evaluation: Examination of a novel developmental hypothesis. *Child Development, 69,* 1054–1073.

du Bois, R. (2007). *Kinderängste: Erkennen, verstehen, helfen* (4. Aufl.). München: C. H. Beck.

Ekman, P. (2010). *Gefühle lesen – Wie Sie Emotionen erkennen und richtig interpretieren* (2. Aufl.). Heidelberg: Spektrum.

Gerrig, R. J. & Zimbardo, P. G. (2008). *Psychologie* (18. Aufl.). München: Pearson.

Harter, S. (1998). The development of self-representation. In W. Damon & N. Eisenberg (Eds.), *Handbook of child psychology, Vol. 3: Social, emotional, and personality development* (5th ed., pp. 553–617). New York: Wiley.

Harter, S. (2006). The self. In W. Damon & N. Eisenberg (Eds.), *Handbook of child psychology, Vol. 3: social, emotional, and personality development* (6th ed., pp. 505–570). New York: Wiley.

Miller, P. A. & Eisenberg, N. (1988). The Relation of Empathy to Aggressive and Externalizing/Antisocial Behavior. *Psychological Bulletin, 103* (3), 324–344.

Mischel, W. (2015). *Der Marshmallow-Test: Willensstärke, Belohnungsaufschub und die Entwicklung der Persönlichkeit.* München: Siedler.

Nesse, R. M. (2001). The smoke detector principle. *Annals of the New York Academy of Sciences, 935,* 75–85.

Perry, N. B., Dollar, J. M., Calkins, S. D., Keane, S. P. & Shanahan, L. (2018). Childhood self-regulation as a mechanism through which early overcontrolling parenting is associated with adjustment in preadolescence. *Developmental Psychology, 54* (8), 1542–1554.

Randhawa, E. (2012). *Das frühkindliche Selbstkonzept. Struktur, Entwicklung, Korrelate und Einflussfaktoren.* Dissertation, Augsburg.

Rochat, P. (2002). Origins of self-concept. In G. Bremner & A. Fogel (Eds.), *Blackwell handbook of infant development* (pp. 191–212). Malden, MA: Blackwell.

Schlarb, A. A. & Stavemann, H. H. (2019). *Einführung in die KVT mit Kindern und Jugendlichen* (2. Aufl.). Weinheim: Beltz.

Seligman, M. E. (1971). Phobias and preparedness. *Behavior Therapy, 2* (3), 307–320.

Stavemann, H. H. & Hülsner, Y. (2016). *Integrative KVT bei Frustrationsintoleranz. Ärgerstörungen und Prokrastination.* Weinheim: Beltz.

Stavemann, H. H. & Hülsner, Y. (2019). *Integrative KVT bei existenziellen Problemen – Umgang mit der eigenen Endlichkeit und Todesangst.* Weinheim: Beltz.

Stavemann, H. H., Scholz, A. & Scholz, K. (im Druck). *Integrative KVT bei Selbstwertproblemen.* Weinheim: Beltz.

Watts, T. W., Duncan, G. J. & Quan, H. (2018). Revisiting the Marshmallow Test: A Conceptual Replication Investigating Links between Early Delay of Gratification and Later Outcomes. *Psychological Science, 29* (7), 1159–1177.

Yerkes, R. M. & Dodson, J. D. (1908). The relation of strength of stimulus to rapidity of habit-formation. *Journal of Comparative Neurology and Psychology, 18,* 459–482.

## (b) Ratgeber

Stavemann, H. H. (2011). *... und ständig tickt die Selbstwertbombe. Selbstwertprobleme erkennen und lösen.* Weinheim: Beltz.

Stavemann, H. H. (2013). *Frustkiller & Schweinehundbesieger – Geringe Frustrationstoleranz und Aufschieberitis loswerden.* Weinheim: Beltz.

Stavemann, H. H. (2018a). *Weitblicker und Zielverfolger: Eigene Lebensziele bestimmen und erfolgreich umsetzen.* Weinheim: Beltz.

Stavemann, H. H. (2018b). *Im Gefühlsdschungel. Emotionale Krisen verstehen und bewältigen* (3. Aufl.). Weinheim: Beltz.

# Zu den Autoren

**Dr. Harlich H. Stavemann** arbeitet seit über 35 Jahren als Psychotherapeut (approbiert für Kinder, Jugendliche und Erwachsene) sowie als Dozent und Supervisor für psychologische und ärztliche Psychotherapeuten. Er gründete und leitet das Institut für Integrative Verhaltenstherapie in Hamburg (www.i-v-t.de) und ist Autor diverser psychotherapeutischer Fachbücher und Ratgeber.

**Wiebke Bergmann** ist seit 13 Jahren psychotherapeutisch tätig und als approbierte Psychotherapeutin niedergelassen. Ihr fachlicher Schwerpunkt bildet die Integrative Kognitive Verhaltenstherapie. Hier ist sie auch als Dozentin und Supervisorin tätig. Als Mutter von zwei Kindern liegen ihr Prävention und Resilienzförderung in der psychischen Entwicklung besonders am Herzen.